Beauty and the Beast

디즈니 베이비돌 손뜨개 인형옷

끌림 지음
'끌림'은 손뜨개 인형 및 소품을 디자인하고 제작하는 디자인 회사며, 니트디자인 학원을 함께 운영하고 있다.
끌림 니트디자인 학원은 손뜨개 패션, 손뜨개 인형 및 인형옷을 만드는 교육을 통하여
손뜨개 작가와 강사 등 핸드메이드 전문가를 양성하고 있다.
또한 손뜨개 인형 네이버 대표 커뮤니티 '끌림'을 통해
일반 니터들과 소통하며 다양한 정보를 공유하고, 새로운 콘텐츠를 개발하고 있다.
《디즈니 베이비돌 손뜨개 인형옷》은 조수연 대표의 총괄 아래, 박상숙과 이지혜(디자인 및 제작),
남유미(일러스트레이트), 장정수(진행)가 함께 참여하였다.

끌림니트디자인학원 https://ccllimknit.modoo.at
'끌림' 손뜨개 인형 커뮤니티 http://cafe.naver.com/ccllim

Beauty and the Beast
디즈니 베이비돌
손뜨개 인형옷

1판 1쇄 펴냄 2017년 11월 3일
지은이 끌림
사 진 배수경
펴낸이 하진석
펴낸곳 참돌
주 소 서울시 마포구 독막로3길 51
전 화 02-518-3919

ISBN 978-89-98317-89-8 14630

※ 게재된 작품들에 대한 문의사항은 끌림(ccllim@naver.com)으로 연락 바랍니다.

Beauty and the Beast

디즈니 베이비돌 손뜨개 인형옷

끌림 지음

참돌

CONTENTS

Part 01 Basic Lesson

Part 02 Belle's Style Guide

62

RED
RIDING OUTFIT

76

BURGUNDY
WINTER DRESS

Part 01

Basic Lesson

도구와 재료

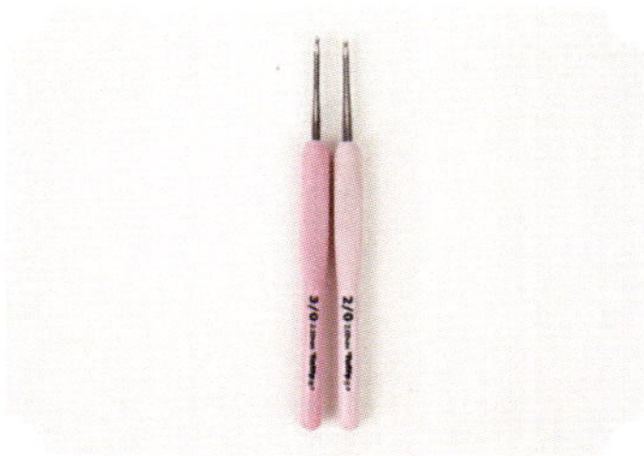

모사용 코바늘

일반 뜨개실에 사용하는 코바늘이다. 실의 두께에 맞춰 코바늘을 선택하여 사용한다.

대바늘

일반적으로 뜨개에 사용하는 바늘이다. 실의 두께에 따라 바늘의 두께도 다르게 사용한다.

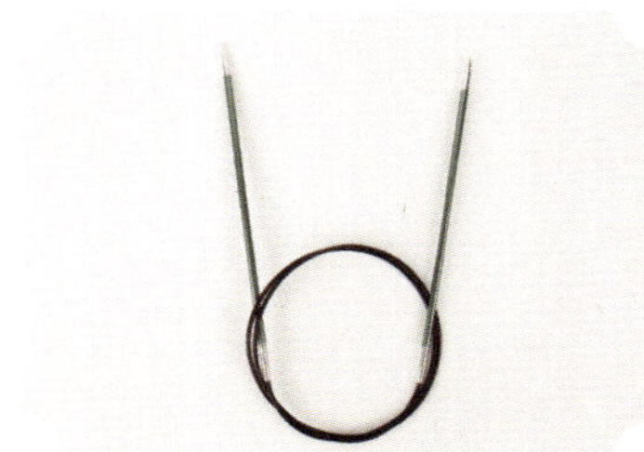

줄바늘

대바늘과 사용하는 방법은 같다. 일반 바늘에 걸리지 않을 정도로 콧수가 많은 경우에 사용한다.

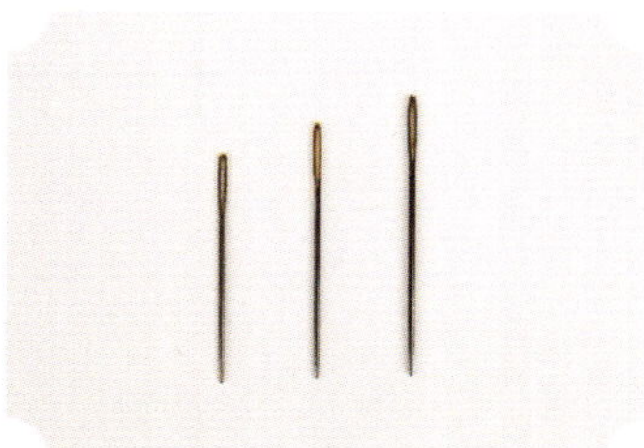

돗바늘

뜨개실을 바느질할 때 사용하는 바늘이다. 끝이 뭉툭하고 바늘귀가 크다.

면사

대바늘 2.5~3.5㎜, 코바늘 2.0~3.0㎜를 사용하기에 적합한 실이다. 책에서는 주로 면사를 사용했지만, 모사를 사용해도 좋다.

가위

실을 자를 때 사용하는 작은 가위다.

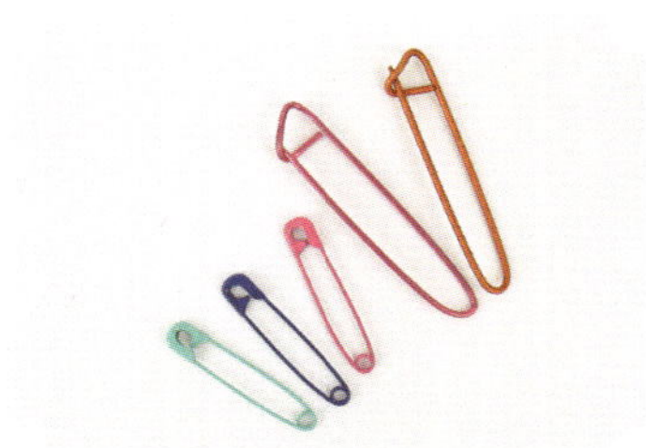

안전핀

바늘에 걸린 코를 임시로 걸어줄 때 사용한다.

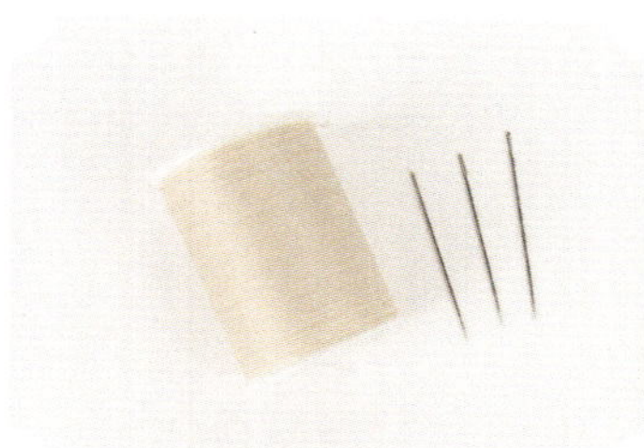

봉제용 실과 바늘

단추를 달거나 소매를 연결할 때 사용한다.

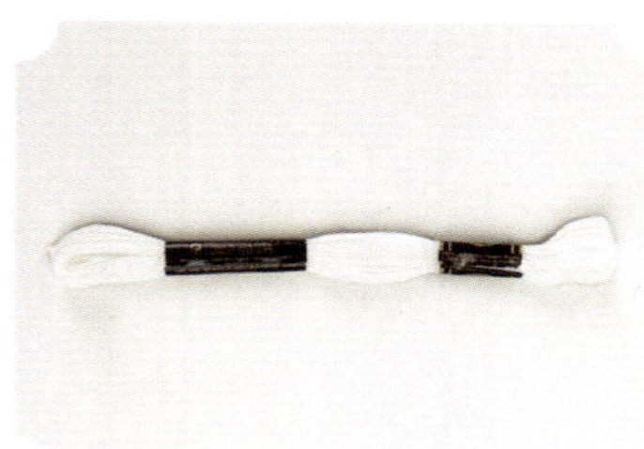

자수실

자수를 놓을 때 사용한다.

손뜨개용 시침바늘

일반 시침바늘보다 두꺼운 바늘로
니트 조직을 임시로 고정할 때 사용한다.

걸단추

옷감을 고정하기 위해 사용하는 단추로
옷감이 겹치지 않고, 겉에서 보이지도
않는다.

똑딱단추

블라우스를 고정하기 위해 사용한다.

미니 단추

블라우스나 스커트의 트임 부분을
고정하기 위해 사용한다.

진주

빨간색 승마복의 재킷 단추에 장식으로
사용한다.

리본

파란색 데일리 원피스 중 망토의
목 부분을 조이는 데 사용한다.

기본 코바늘뜨기

사슬뜨기 ○

• 이 책의 도안에서는 '사슬'로 줄여서 표기

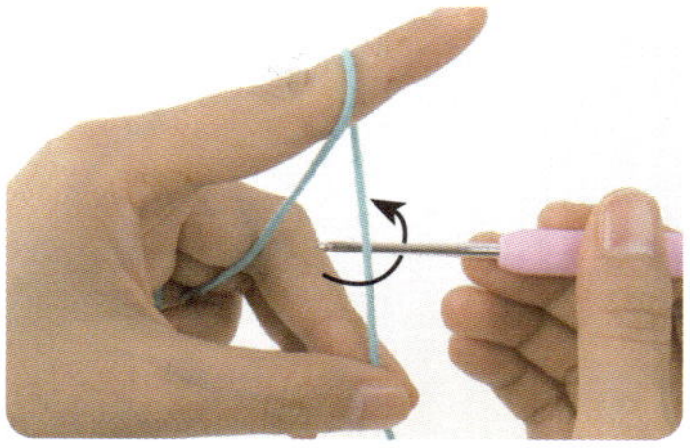

1 코바늘을 실의 뒤에 대고 화살표 방향으로 한 바퀴 돌린다.

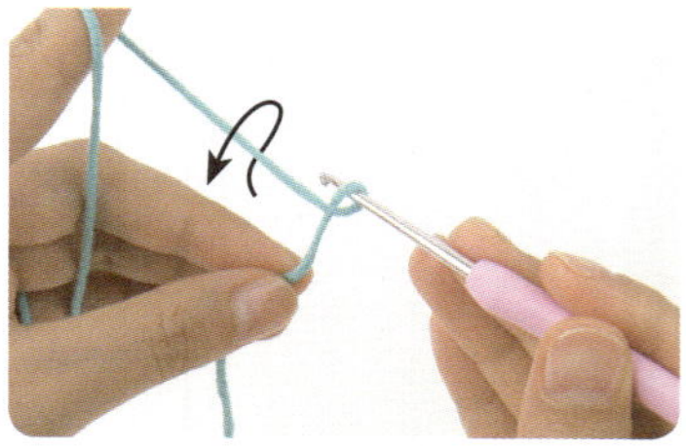

2 화살표 방향으로 코바늘을 움직여 실을 건다.

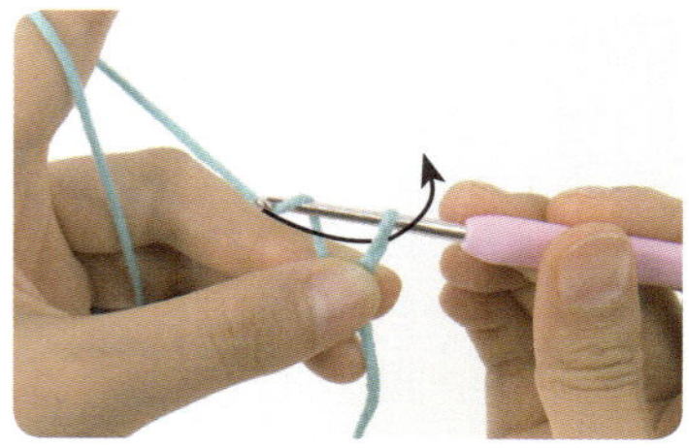

3 코바늘로 실을 빼내면 매듭 고리가 생긴다.

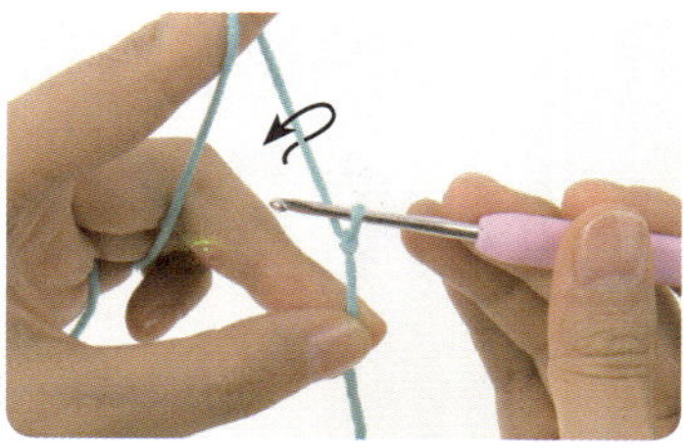

4 화살표 방향으로 코바늘을 움직여 실을 건다.

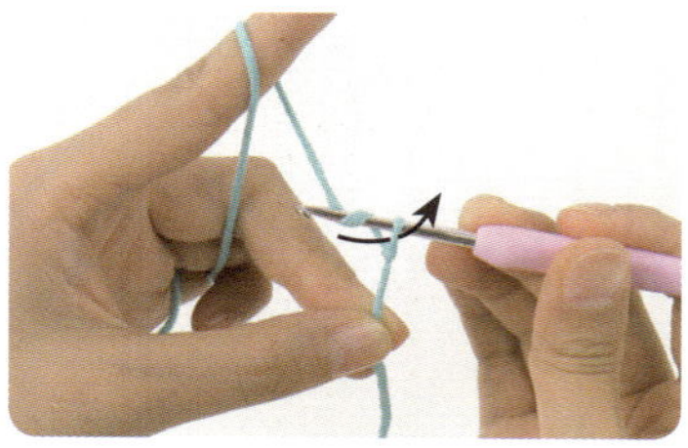

5 코바늘에 걸린 코 사이로 실을 빼면 사슬 1코가 떠진다.

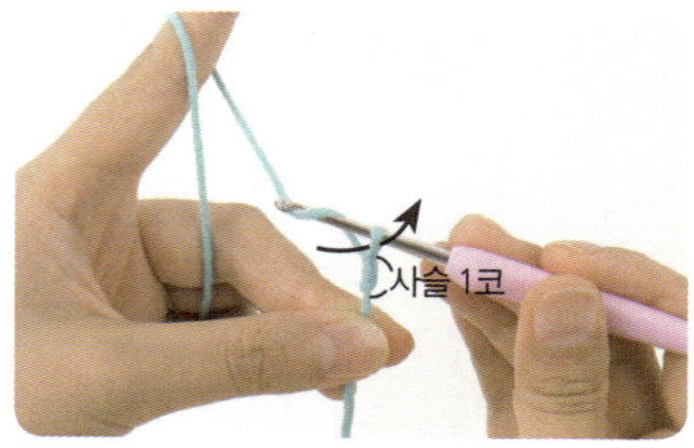

6 실을 걸고 코바늘에 걸린 코 사이로 실을 빼면 사슬 2코가 떠진다.

7 5~6번 과정을 반복하며 사슬뜨기 한다.

짧은뜨기 + = ×

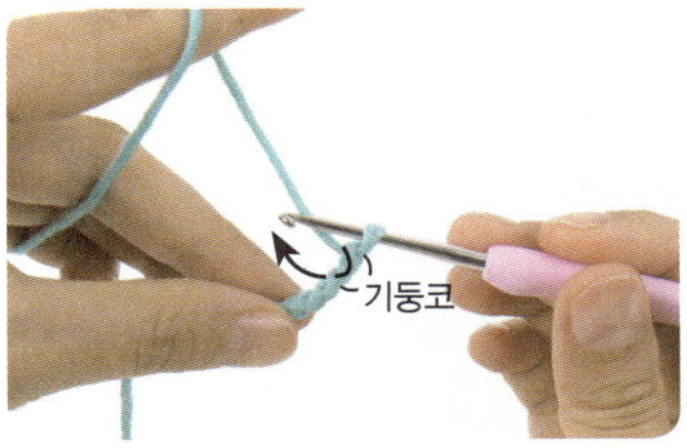

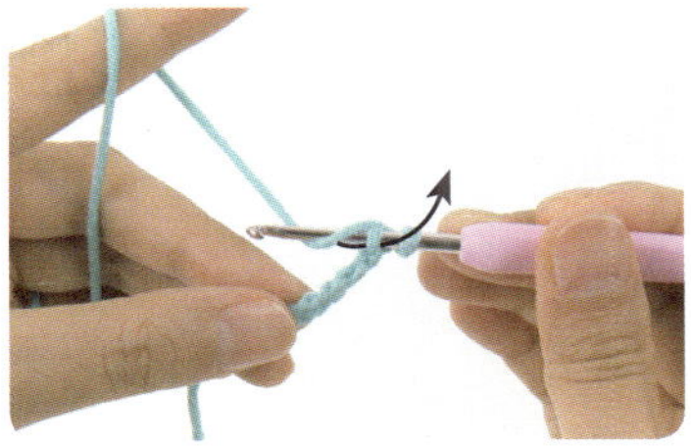

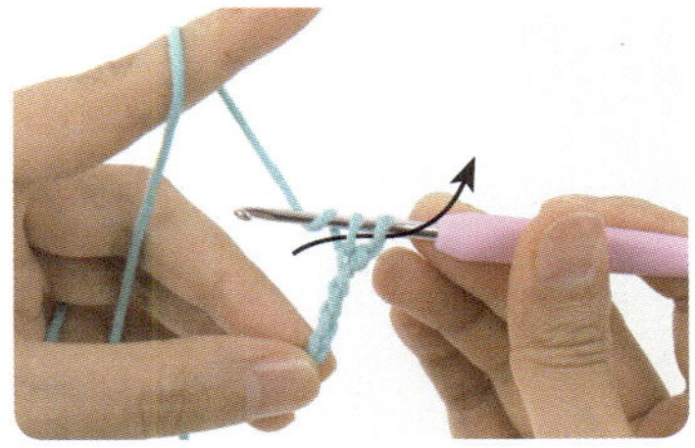

1 사슬 1코(기둥코)를 뜬 다음, 화살표 방향으로 사슬 뒷고리에 코바늘을 넣는다.

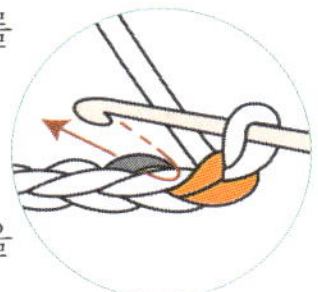

2 코바늘 뒤에서 앞으로 실을 걸고, 화살표 방향으로 사슬 1코 높이의 실을 빼낸다.

3 다시 코바늘에 실을 걸고, 코바늘에 걸려있는 2개의 고리를 한꺼번에 빼낸다.

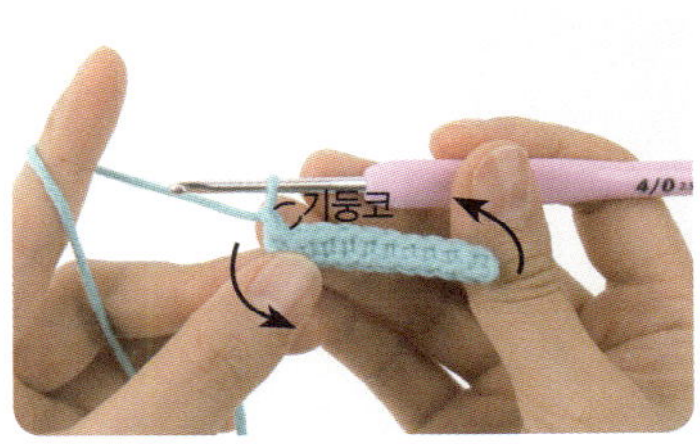

4 짧은뜨기 1코가 완성된다. 1~3번을 반복하여 1단을 뜬다.

5 1단의 끝에서 화살표 방향으로 실을 빼서 사슬 1코(기둥코)를 뜬다.

6 편물을 반대편이 보이게 화살표 방향으로 돌린다.

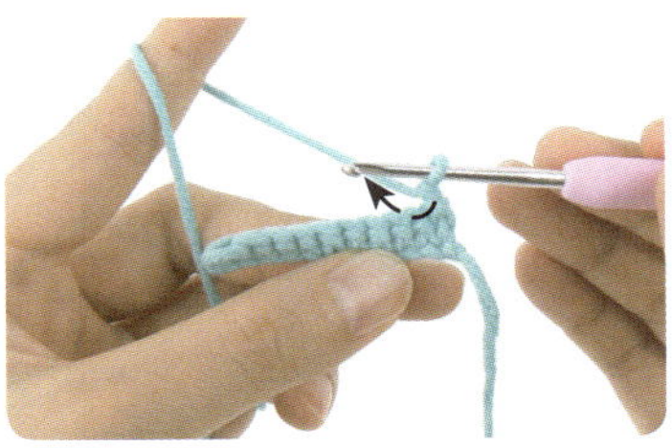

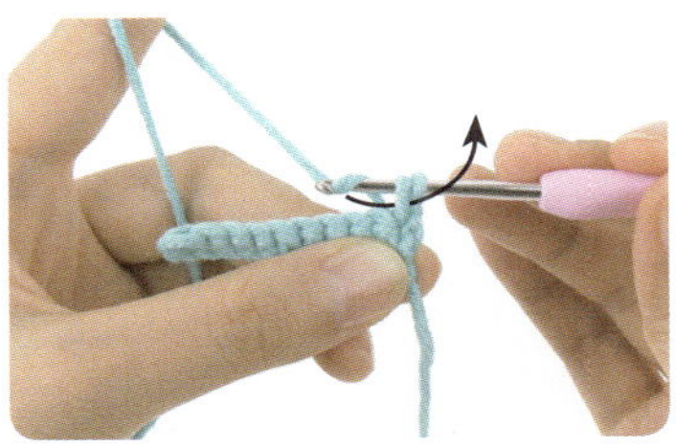

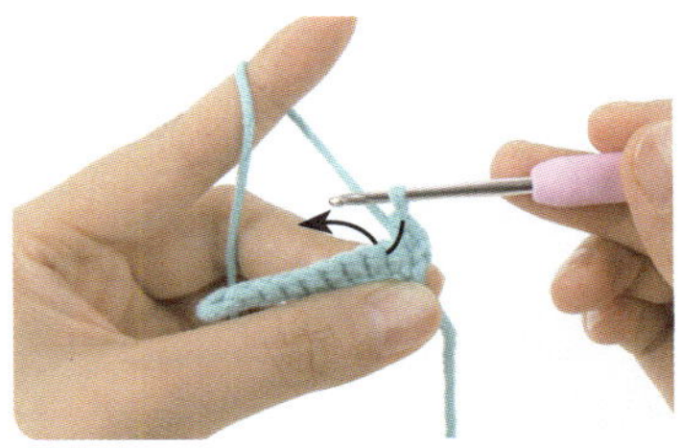

7 아랫단 오른쪽 끝코에 코바늘을 넣고 실을 걸어 빼낸다.

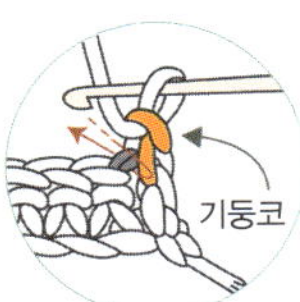

8 실을 매듭 고리 안으로 빼내어 짧은뜨기를 뜬다.

9 짧은뜨기가 완성된다. 7~8번을 반복한다.

늘리기(짧은뜨기 늘리기)

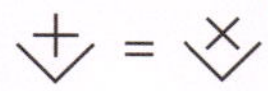

1 첫 번째 짧은뜨기를 뜬다.

2 같은 코에 코바늘을 다시 넣고 실을 걸어 사슬 1코 높이로 빼낸다.

3 코바늘에 실을 걸고, 코바늘에 걸린 2개의 고리를 한꺼번에 빼낸다.

4 1코가 늘어난 짧은뜨기 늘리기가 완성된다.

줄이기(짧은뜨기 줄이기)

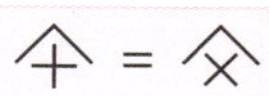

1 코바늘을 넣고, 실을 걸어 사슬 1코 높이로 실을 빼낸다. 미완성 짧은뜨기 상태가 된다.

2 이 상태로 다음 코에 코바늘을 넣고 실을 걸어 사슬 1코 높이로 빼낸다. 미완성 짧은뜨기 2코가 된다.

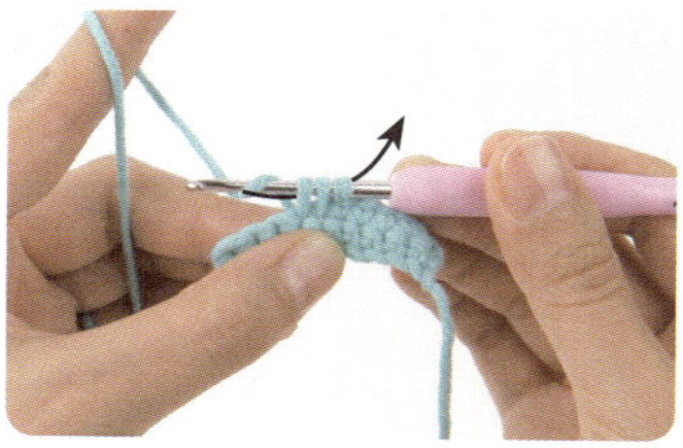

3 코바늘에 실을 걸고 코바늘에 걸려 있는 3개의 고리를 한꺼번에 빼낸다.

4 1코가 줄어든 짧은뜨기 줄이기가 완성된다.

긴뜨기 T

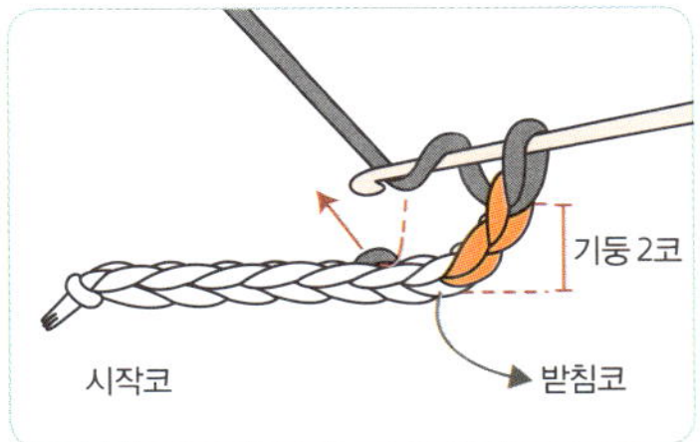

1 사슬 2코(기둥코)를 뜬 다음 코바늘에 실을 걸고 코바늘에 걸려있는 코에 4번째 사슬의 뒷고리에 화살표 방향으로 코바늘을 넣는다. 기둥코가 1코의 기능을 한다.

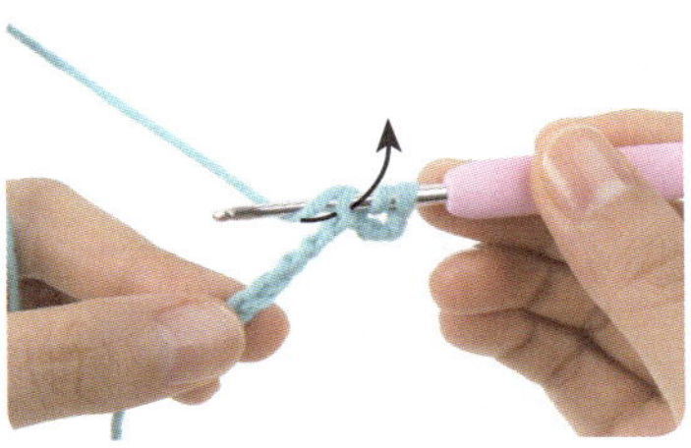

2 코바늘에 실을 걸어 화살표 방향으로 빼낸다.

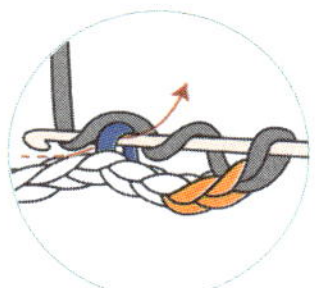

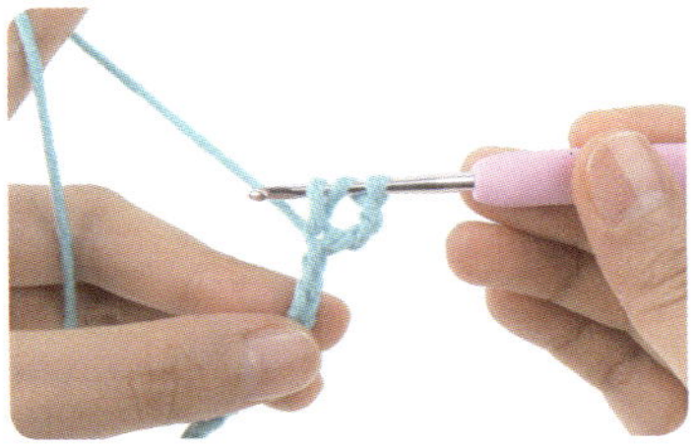

3 실을 사슬 2코 높이로 빼낸다.

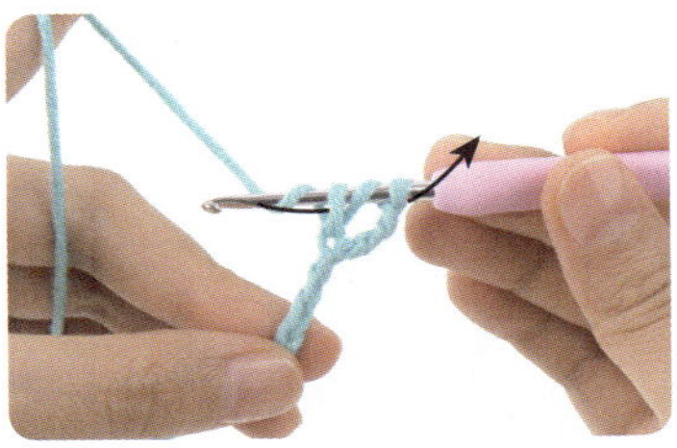

4 다시 코바늘에 실을 걸고 화살표 방향으로 코바늘에 걸려있는 3개의 고리를 한꺼번에 빼낸다.

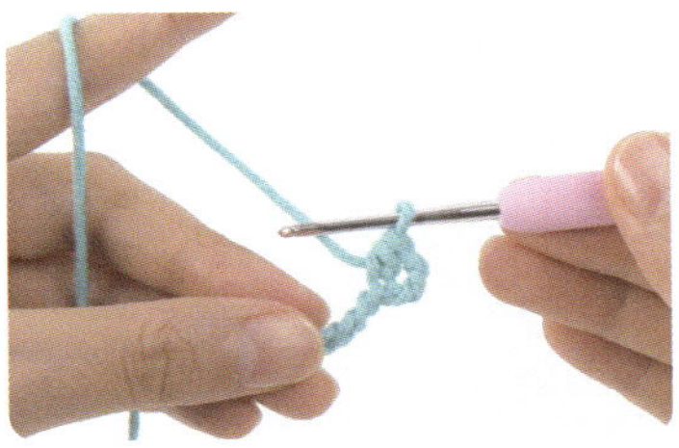

5 긴뜨기가 완성된다.

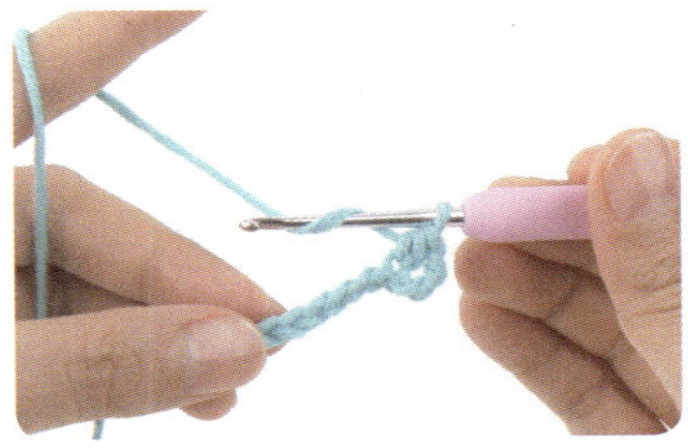

6 다음 코도 코바늘에 실을 걸고, 2~5번을 반복한다.

긴뜨기 늘리기 V

1 첫 번째 긴뜨기를 뜬다. 코바늘에 코를 걸어 같은 코에 다시 코바늘을 넣는다.

2 코바늘에 실을 걸고 사슬 2코 높이로 빼낸다. 다시 코바늘에 실을 걸고 코바늘에 걸려있는 3개의 고리를 한꺼번에 빼낸다.

3 1코가 늘어난 긴뜨기 늘리기가 완성된다.

긴뜨기 2코 늘리기 𝕍

1 긴뜨기 늘리기 3번에서 코바늘에 실을 걸어 같은 코에 다시 한 번 코바늘을 넣는다.

2 코바늘에 실을 걸고 사슬 2코 높이로 빼낸다.

3 다시 코바늘에 실을 걸고 코바늘에 걸려있는 3개의 고리를 한꺼번에 빼낸다.

4 2코가 늘어난 긴뜨기 2코 늘리기가 완성된다.

한길긴뜨기

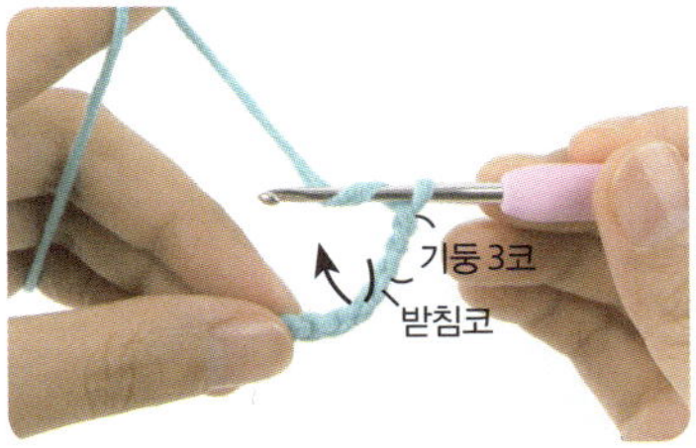

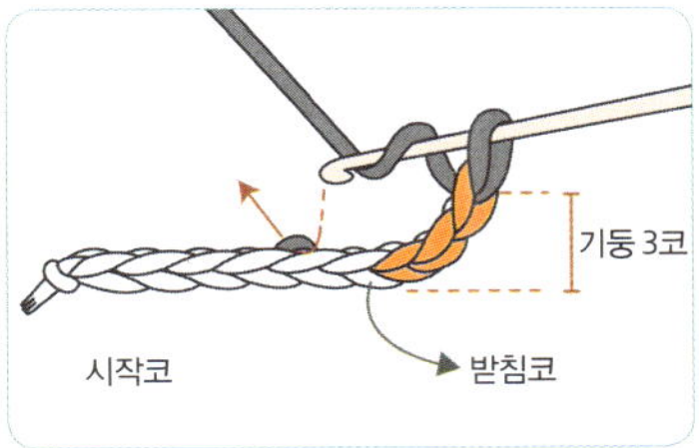

1 사슬 3코(기둥코)를 뜬 다음 코바늘에 실을 걸고, 코바늘에 걸려있는 코에서 5코째 사슬의 뒷고리에 화살표 방향으로 코바늘을 넣는다. 기둥코가 1코의 기능을 한다.

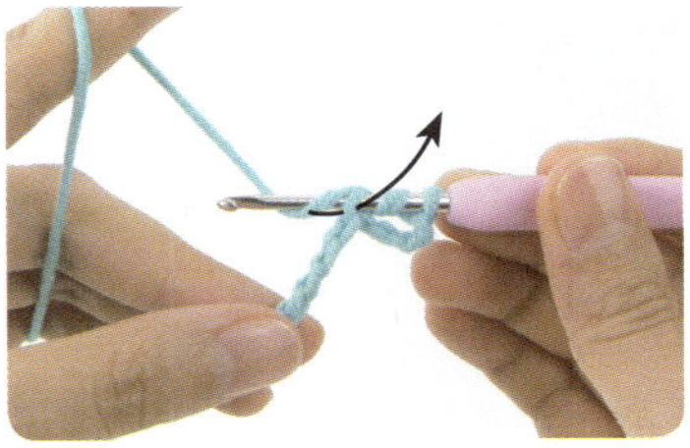

2 코바늘에 실을 걸어 화살표 방향으로 빼낸다.

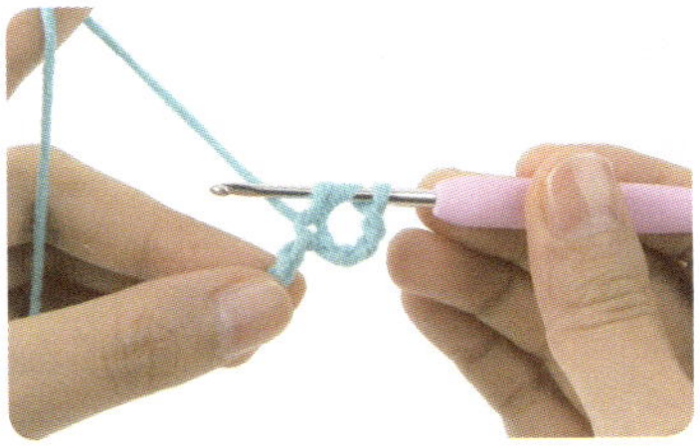

3 실을 사슬 2코 높이로 빼낸다.

4 다시 코바늘에 실을 걸고, 코바늘의 앞쪽에 걸려있는 2개의 고리만 화살표 방향으로 빼낸다.

5 다시 코바늘에 실을 걸고, 코바늘에 남아있는 2개의 고리를 한꺼번에 빼낸다.

6 한길긴뜨기가 완성된다.

7 다음 코도 코바늘에 실을 걸고, 2~6번을 반복한다.

한길긴뜨기 늘리기

1 첫 번째 한길긴뜨기를 뜬다. 코바늘에 코를 걸어 같은 코에 다시 넣고 실을 걸어 사슬 2코 높이로 빼낸다.

2 다시 실을 걸고 코바늘에 걸려있는 2개의 고리만 화살표 방향으로 빼낸다.

3 다시 코바늘에 실을 걸고, 코바늘에 남은 2개의 고리를 한꺼번에 빼낸다.

4 1코가 늘어난 한길긴뜨기 늘리기가 완성된다.

한길긴뜨기 2코 늘리기

1 긴뜨기 늘리기 4번에서 코바늘에 실을 걸어 같은 코에 다시 넣고 실을 걸어 사슬 2코 높이로 빼낸다.

2 다시 실을 걸고 코바늘에 걸려있는 2개의 고리만 화살표 방향으로 빼낸다.

3 코바늘에 실을 걸고, 코바늘에 남은 2개의 고리를 한꺼번에 빼낸다.

4 2코가 늘어난 한길긴뜨기 2코 늘리기가 완성된다.

뒷고리 이랑뜨기

1 코의 뒷고리에 코바늘을 넣는다.

2 코바늘에 실을 걸고 실을 빼낸다.

3 코바늘에 실을 걸고, 코바늘에 걸려 있는 2개의 고리를 한꺼번에 빼낸다.

4 1~3번을 반복한다. 편물 앞쪽에 앞고리가 남는다.

앞고리 이랑뜨기

1 코의 앞고리에 코바늘을 넣는다.

2 코바늘에 실을 걸고 실을 빼낸다.

3 코바늘에 실을 걸고, 코바늘에 걸려 있는 2개의 고리를 한꺼번에 빼낸다.

4 1~3번을 반복한다. 편물 뒤쪽에 뒷고리가 남는다.

되돌아 짧은뜨기 $\tilde{+} = \tilde{\times}$

1 편물을 방향은 그대로 두고, 기둥 사슬 1코를 뜬 다음, 코바늘을 돌려서 화살표 방향으로 넣는다.

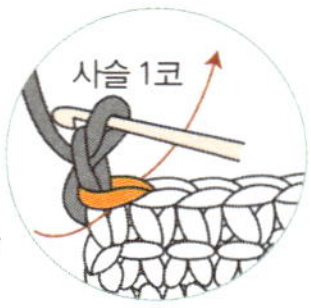

2 코바늘에 실을 걸어 빼내고, 다시 코바늘에 실을 걸어 2개의 고리를 한꺼번에 빼낸다.

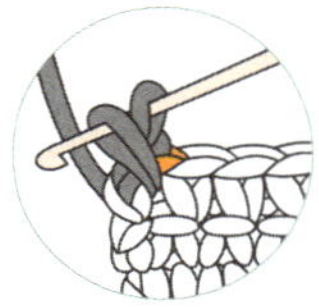

3 1~2번을 반복한다.

빼뜨기 ●

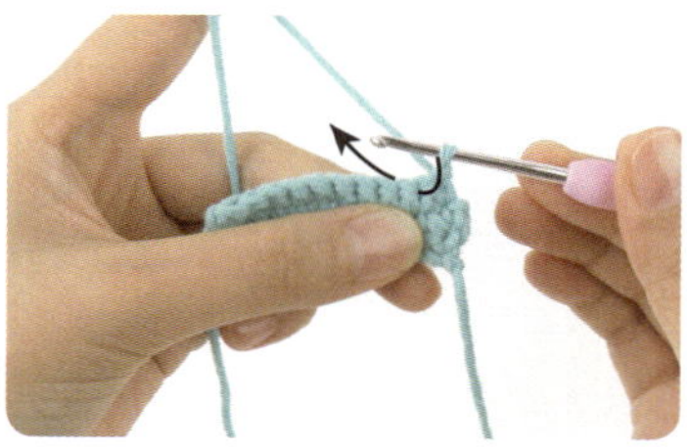

1 실을 뒤에 놓고, 첫 코에 코바늘을 넣는다.

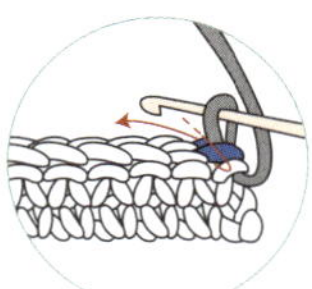

2 코바늘에 실을 걸고, 화살표 방향으로 실을 뺀다.

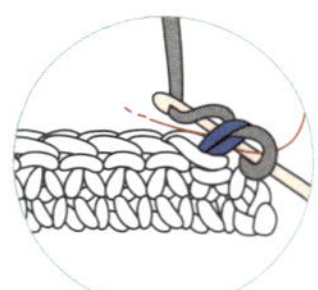

3 1~2번을 반복하면 편물 앞쪽에 빼뜨기 코가 생긴다.

기본 대바늘뜨기

코 만들기

1 실을 반으로 접는다.

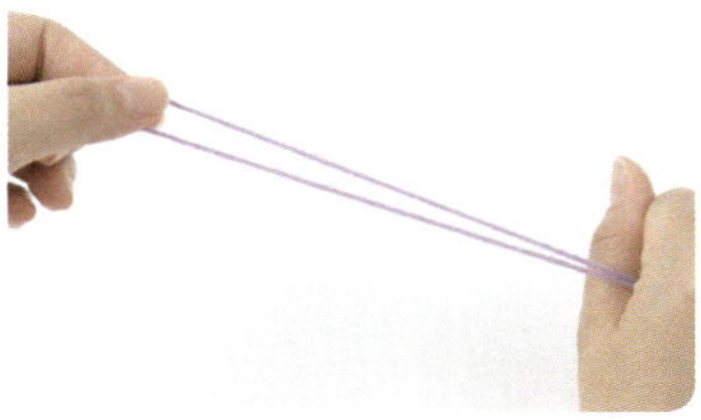

2 고리를 만들어 오른손으로 쥔다.

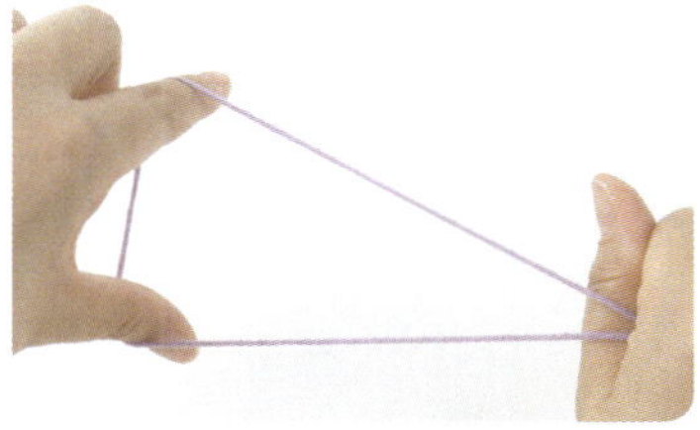

3 왼손의 엄지와 검지를 고리 위에서 아래로 넣는다.

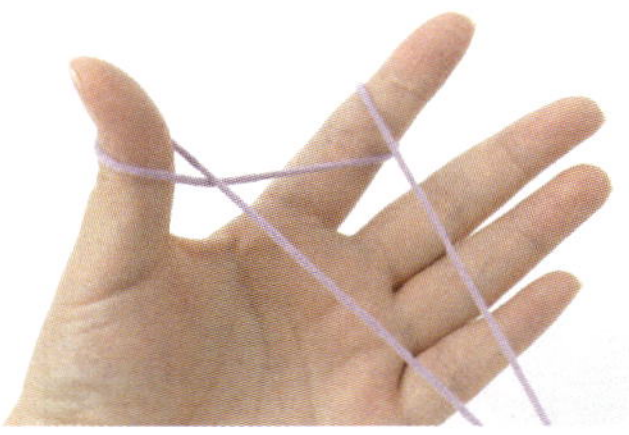

4 손목을 돌린다.

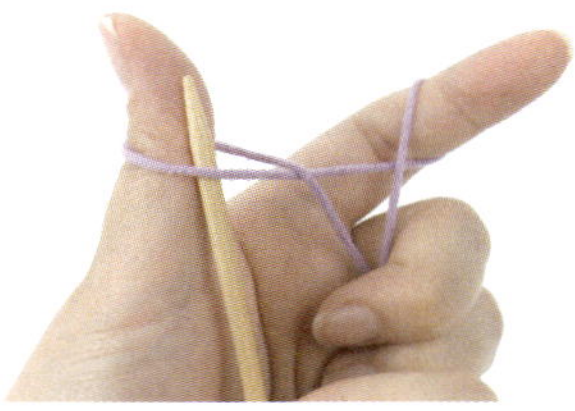

5 엄지의 옆쪽으로 바늘을 넣는다.

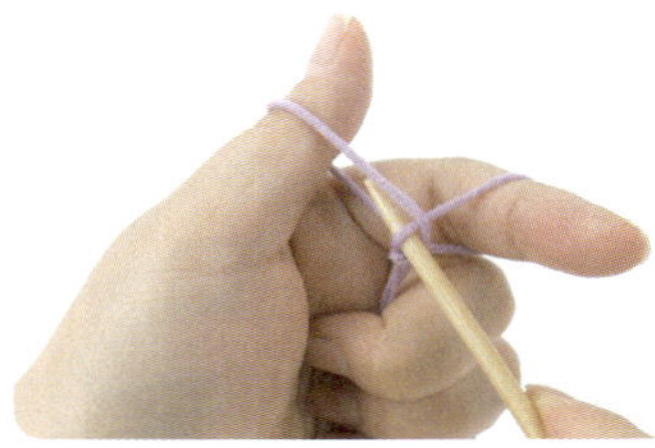

6 검지 쪽 실고리를 엄지 쪽으로 끌어당긴다.

7 실을 빼고 잡아당긴다.

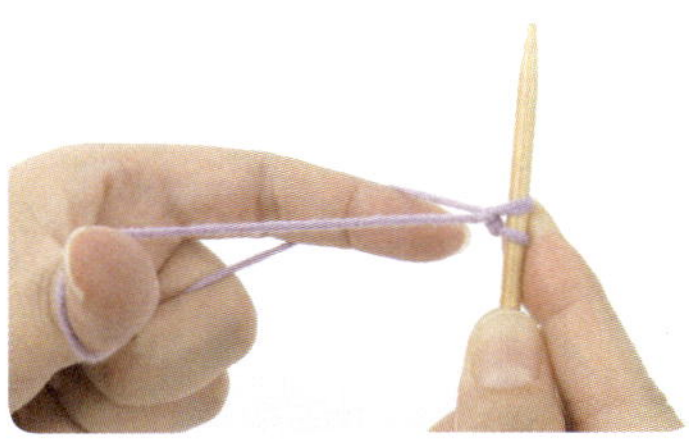

8 5~7번을 반복하여 필요한 콧수를 만든다.

겉뜨기 [|] = □

• 이 책의 도안에서는 '겉'으로 줄여서 표기

1 화살표 방향으로 바늘을 넣는다.

2 시계 반대 방향으로 실을 감아준다.

3 감은 실을 고리 사이로 빼낸다.

안뜨기 [−]

• 이 책의 도안에서는 '안'으로 줄여서 표기

1 화살표 방향으로 바늘을 넣는다.

2 시계 반대 방향으로 실을 감아준다.

3 감은 실을 고리 사이로 빼낸다.

오른코 줄이기

1 첫 코는 뜨지 않고 오른쪽 바늘로 옮기는 걸러뜨기를 한다.

2 그다음 코는 겉뜨기한다.

3 걸러뜨기한 코를 겉뜨기 코에 덮어씌운다.

4 1코가 줄어든 오른코 줄이기가 완성된다.

2코 모아뜨기

1 겉뜨기하는 방법으로 2코를 함께 잡아 바늘을 넣는다.

2 시계 반대 방향으로 실을 감아준다.

3 감은 실을 고리 사이로 빼내서 함께 뜨면 1코가 줄어든다.

오른 3코 모아뜨기

1 첫 코는 걸러뜨기한다.

2 2코 모아뜨기하는 방법으로 다음 2코를 함께 겉뜨기 방향으로 바늘을 찔러 넣는다.

3 시계 반대 방향으로 실을 감아준다.

4 감은 실을 고리 사이로 빼내서 함께 뜬다.

5 걸러뜨기한 코를 2코 모아뜨기한 코 위로 덮어씌운다.

6 2코가 줄어든 오른 3코 모아뜨기가 완성된다.

늘리기

1 겉뜨기하듯 1코를 뜬다.

2 이때 왼쪽 바늘에 있는 코는 빼지 않는다.

3 바늘에 걸린 코의 뒤쪽으로 오른쪽 바늘을 꽂는다.

4 다시 한 번 겉뜨기하면 1코가 늘어난다.

오른코 늘리기

1 왼쪽 바늘에 걸린 첫 코의 1단 아래 코의 위치를 확인한다.

2 해당 코를 오른쪽 바늘로 끌어올린다.

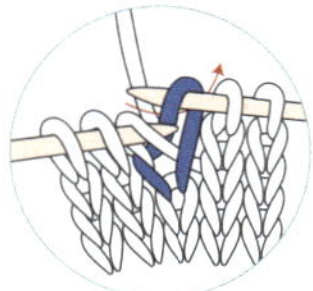

3 끌어올린 코를 왼쪽 바늘에 걸어 준다.

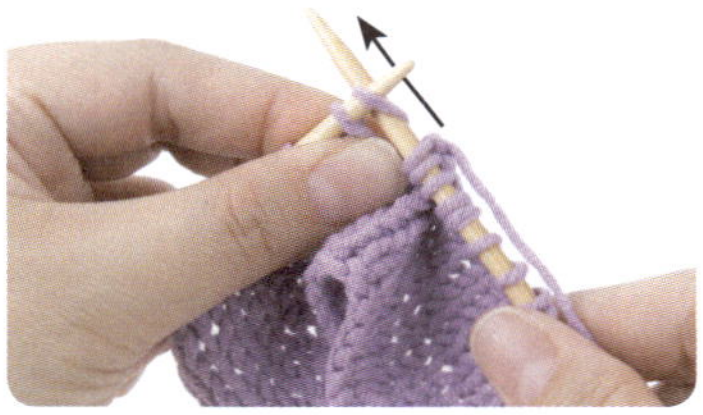

4 오른쪽 바늘을 화살표 방향으로 찔러 넣는다.

5 이 상태에서 겉뜨기를 뜨면, 오른쪽 부분이 1코 늘어난다.

왼코 늘리기

1 오른쪽 바늘에 걸린 마지막 코의 2단 아래 코의 위치를 확인한다.

2 해당 코를 왼쪽 바늘로 끌어올린다.

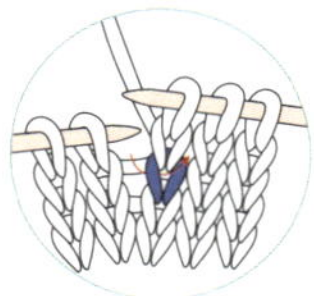

3 뒷고리에 바늘을 찌른다.

4 이 상태에서 겉뜨기를 뜨면, 왼쪽 부분이 1코 늘어난다.

안 2코 모아뜨기

1 안뜨기 방향으로 2코를 바늘로 함께 찌른다.

2 시계 반대 방향으로 실을 감는다.

3 함께 안뜨기하면, 1코가 줄어든다.

안 2코 꼬아뜨기

1 바늘에 걸린 2코의 뒤쪽에서 앞쪽으로 바늘을 찌른다.

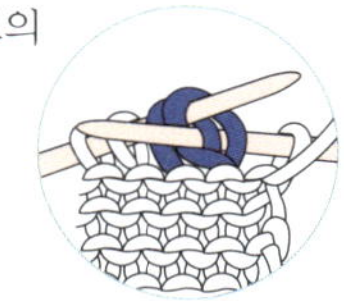

2 시계 반대 방향으로 실을 감는다.

3 함께 안뜨기하면, 1코가 줄어든다.

안 3코 모아뜨기

1 3코를 함께 안뜨기 방향으로 바늘을 찔러 넣는다.

2 시계 반대 방향으로 실을 감는다.

3 함께 안뜨기하면, 2코가 줄어든다.

감아코

1 왼손으로 실을 잡는다.

2 실 뒤에서 앞으로 왼손 검지를 걸어 준다.

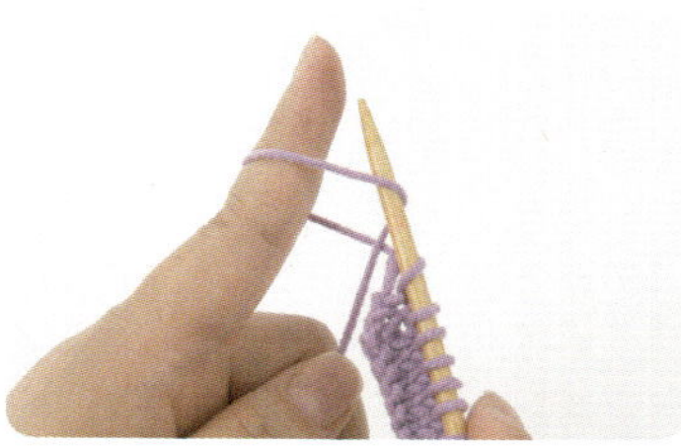

3 손가락에 감긴 실의 앞부분에 바늘을 넣는다.

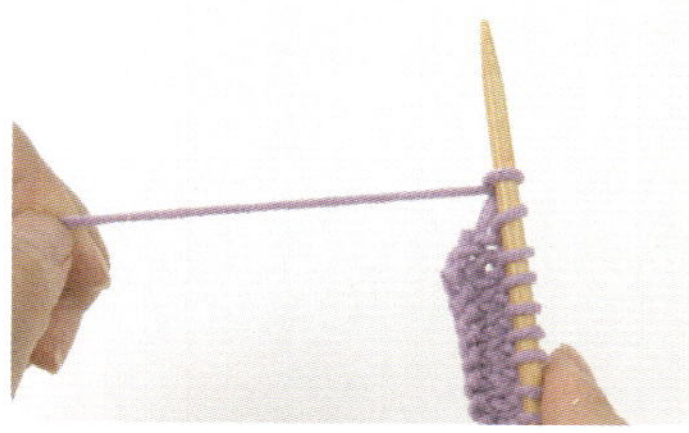

4 손가락을 빼고 실을 잡아당긴다.

돗바늘 마무리

1 실을 자른 후 돗바늘에 실을 끼운다.

2 바늘에 걸려있는 부분부터 돗바늘을 통과시킨다.

3 돗바늘을 모든 코에 통과시킨다.

4 실꼬리를 잡아당긴다.

코막음

1 첫 코를 겉뜨기한다.

2 두 번째 코도 겉뜨기한다.

3 첫 코를 들어 올린다.

4 두 번째 코에 덮어씌운다.

5 2~4번을 끝까지 반복한다.

6 1코가 남으면 실을 자르고 바늘을 뽑는다.

3 니들 바인드 오프

1 겉면과 겉면을 마주 대고 안면이 보이게 놓는다.

2 앞에 있는 코와 뒤에 있는 코를 동시에 바늘로 찔러 넣는다.

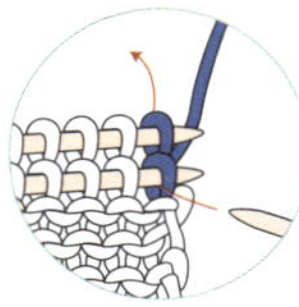

3 바늘의 뒤에서 앞으로 실을 감는다.

4 함께 겉뜨기한다.

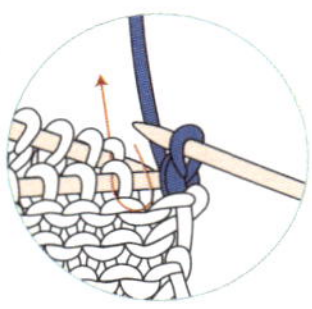

5 그다음 코도 함께 겉뜨기한다.

6 처음 뜬 코를 코막음하듯 뒤집어 씌운다.

7 2~6번을 끝까지 반복한다.

8 1코가 남으면 실을 자르고 바늘을 빼낸다.

기본 바느질

메리야스 잇기

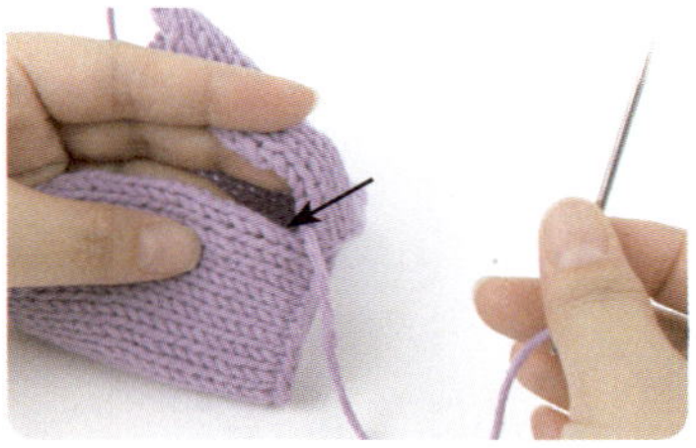

1 사진에 표시된 부분으로 나온다.

2 반대편의 나온 부분으로 바늘을 넣어 한 단 윗부분으로 뺀다.

3 다시 반대편의 나온 부분으로 바늘을 넣어 한 단 윗부분으로 뺀다.

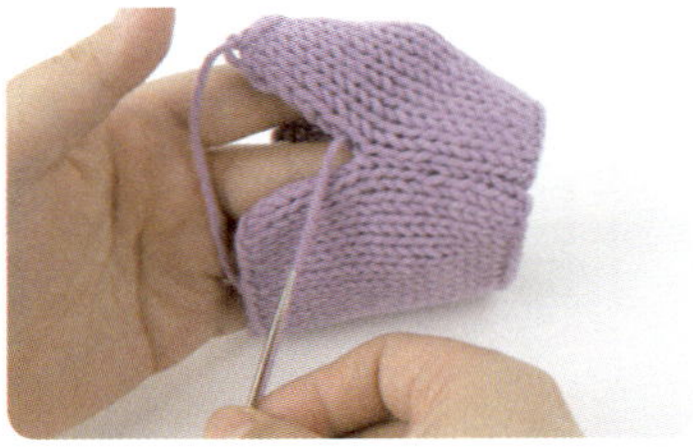

4 2~3번을 반복한다.

소매 바느질

1 옆 선과 소매 바느질 선, 어깨선과 소매 중심을 시침핀으로 고정한다.

2 봉제용 실과 바늘을 사용하여 옆 선부터 박음질로 바느질한다.

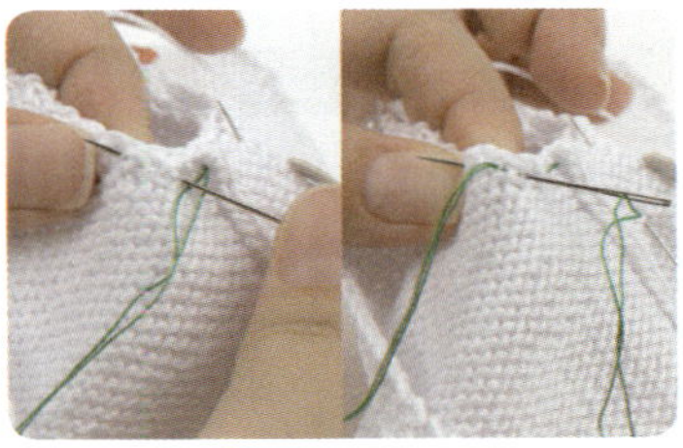

3 시계 방향으로 한 바퀴 둘러 바느질해 마무리한다.

게이지의 이해

손뜨개로 만드는 인형옷들은 세상에 하나뿐이라는 장점이 있지만, 작업하는 사람에 따라서 완성된 크기가 달라질 수 있다는 단점도 있습니다. 그래서 게이지(텐션)에 대한 이해가 필요합니다. 게이지란 일정한 면적 안에 코와 단이 몇 개가 들어가는지를 표기한 것입니다.

이 책에서는 게이지를 '26코×36단(10cm×10cm)'과 같이 표시하고 있습니다. 이 표기는 가로 10cm 길이에 26코가 있고, 세로 10cm 길이에 36단이 있다는 의미입니다.

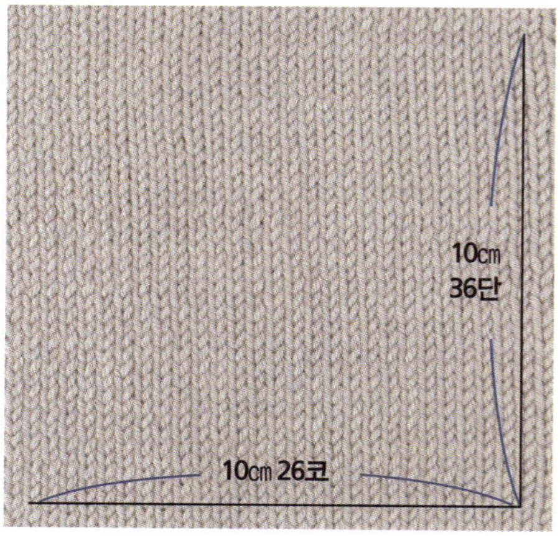

짧은뜨기(코바늘)나 메리야스뜨기(대바늘)로 기준이 되는 10cm 안에 콧수와 단수는 실과 바늘의 두께, 뜨는 사람의 손 장력에 따라 더 촘촘하거나 느슨하게 완성됩니다. 콧수와 단수가 달라지면 완성된 작품의 크기도 달라집니다. 본격적으로 인형옷을 뜨기 전에 짧은뜨기나 메리야스뜨기로 가로세로 10cm 크기의 편물을 떠서 기준이 되는 게이지와 비교합니다. 만약 책에 표기된 게이지와 본인의 게이지가 다르다면 실이나 바늘을 변경합니다. 실을 바꾸기 어려운 경우에는 바늘의 호수를 변경합니다. 콧수나 단수가 책에 표기된 게이지보다 많으면 기준보다 두꺼운 바늘을, 적으면 기준보다 가는 바늘을 사용하면 됩니다.

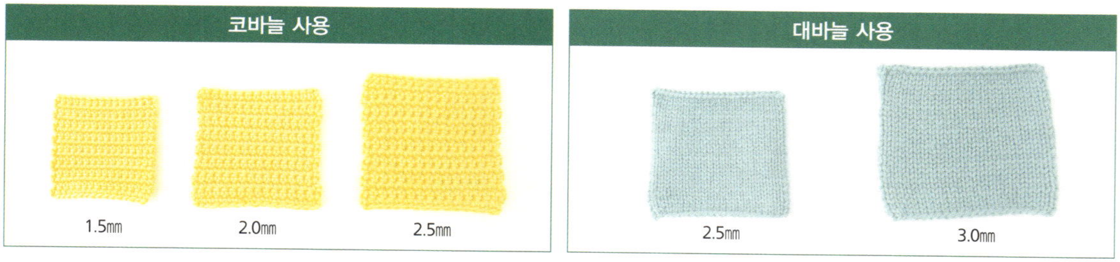

· 동일한 실로 콧수와 단수를 작업한 모양이지만, 바늘의 두께에 따라 완성된 크기가 다르다.

Beauty and the Beast

Part 02

Belle's Style Guide

Blue Daily One-piece

파란색 데일리 원피스

"안녕하세요. 책 돌려드리러 왔어요."
"오, 우리 마을의 유일한 책벌레가 왔구나!"
프랑스의 작은 시골 마을에 사는 벨은
아침부터 마을 책방에 들렀어요.
책을 읽는 벨을 보며 마을 사람들은
'예쁘지만 이상한 아가씨'라고 말하지만,
벨은 오늘도 책을 보며 멋진 앞날을 그려요.

BASIC INFORMATION

난이도	중급
게이지	32코×44단(10㎝×10㎝)
바늘	대바늘 2.5~ 3.0㎜
실	대바늘 2.5~3.5㎜ 추천 실(파란색, 흰색, 진파란색)
부자재	미니 단추 4개(흰색 3개, 파란색 1개), 5㎜ 공단 리본 40~50㎝(파란색)
기법	겉뜨기, 안뜨기, 오른코 줄이기, 2코 모아뜨기, 안 2코 모아뜨기, 안 2코 꼬아뜨기, 방향 바꾸기, 오른코 늘리기, 왼코 늘리기, 코 만들기, 코막음, 늘리기, ( ) 반복, 3 니들 바인드 오프, 바늘 비우기(실 앞으로)

01

원피스

• 대바늘 2.5mm를 사용한다.

원피스 작업 순서

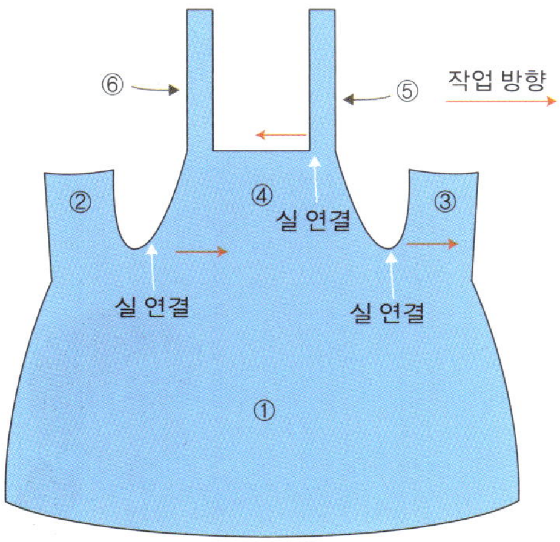

치마

파란색 실로 150코를 만들어 시작한다.
(①번 부분 시작)

1~51단	안뜨기로 시작, 메리야스뜨기 51단
52단	(2코 모아뜨기)×74, 오른코 줄이기 — 75코
53단	겉 3, 안 69, 겉 3
54단	겉뜨기
55~68단	(53~54단)×7
69단	겉 3, 안 9, (안 2코 모아뜨기)×6, 안 27, (안 2코 모아뜨기)×6, 안 9, 겉 3 — 63코
70단	겉 12(③번), 코막음 6, 겉 26(④번), 코막음 6, 겉 11(②번) — 51코

뒤판 — 오른쪽

왼쪽에 걸려있는 12코를 먼저 뜬다.
(②번 부분 시작)

71단	겉 3, 안 9 — 12코
72단	오른코 줄이기, 겉 10 — 11코
73단	겉 3, 안 6, 겉 2
74단	겉뜨기
75~80단	(73~74단)×3
81단	겉 3, 안 6, 겉 2

코막음

뒤판 — 왼쪽
오른쪽에 걸려있는 12코의 안뜨기 면에 실을 연결하여 뜬다.
(③번 부분 시작)

71단 안 9, 겉 3 — 12코

72단 겉 10, 2코 모아뜨기 — 11코

73단 겉 2, 안 6, 겉 3

74단 겉뜨기

75~80단 (73~74단)×3

81단 겉 2, 안 6, 겉 3

코막음

앞판
가운데에 남겨둔 27코의 안쪽에 실을 연결하여 뜬다.
(④번 부분 시작)

71단 안뜨기

72단 오른코 줄이기, 겉 23, 2코 모아뜨기 — 25코

73단 겉 2, 안 21, 겉 2

74단 겉뜨기

75~78단 (71~72단)×2

79단 겉 2, 안 21, 겉 2

80단 겉 4, 방향 바꾸기(4코로만 뜬다.)

(⑤번 부분 시작)

81~102단 가터뜨기 22단

코막음

남은 코에 실을 연결한다.

(⑥번 부분 시작)

80단 코막음 17, 겉3 — 4코

81~102단 가터뜨기 22단

코막음

02
블라우스

• 대바늘 2.5㎜를 사용한다.

블라우스 앞판 작업 순서

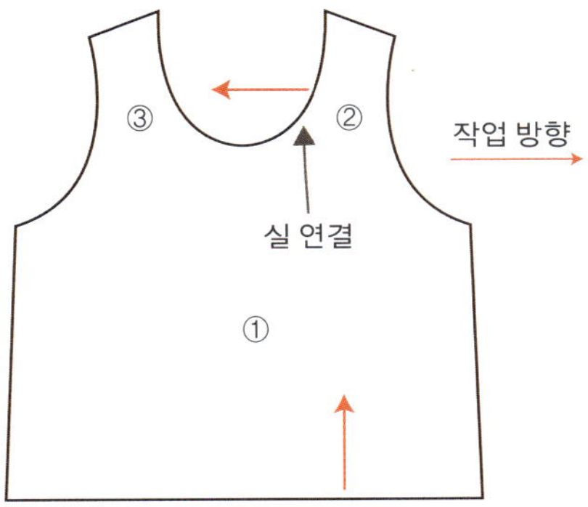

앞판

흰색 실로 38코를 만들어 시작한다.
(①번 부분 시작)

1~30단	메리야스뜨기 30단
31단	코막음 4, 겉 33—34코
32단	코막음 4, 겉 29—30코
33단	오른코 줄이기, 2코 남을 때까지 겉뜨기, 2코 모아뜨기—28코
34단	안뜨기
35~38단	(33~34단)×2—24코
39~42단	메리야스뜨기 4단
43단	겉 7, 2코 모아뜨기, 방향 바꾸기

(②번 부분 시작)

44단	안뜨기(8코로만 뜬다)
45단	겉 6, 2코 모아뜨기—7코
46단	안뜨기
47단	겉 5, 2코 모아뜨기—6코
48~54단	메리야스뜨기 7단

바늘의 6코는 코막음하지 않고, 안전핀에 걸어둔다.

남은 15코에 실을 연결한다.
(③번 부분 시작)

43단 코막음 7, 겉 7 — 8코
44단 안뜨기
45단 오른코 줄이기, 겉 6 — 7코
46단 안뜨기
47단 오른코 줄이기, 겉 5 — 6코
48~54단 메리야스뜨기 7단

코막음하지 않고, 안전핀에 걸어둔다.

뒤판 — 오른쪽
흰색 실로 21코를 만들어 시작한다.

1단 겉뜨기
2단 겉 3, 안 18
3~30단 (1~2단)×14
31단 코막음 3, 겉 17 — 18코
32단 겉 3, 안 15
33단 오른코 줄이기, 끝까지 겉뜨기 — 17코
34단 겉 3, 끝까지 안뜨기
35~40단 (33~34단)×3 — 14코
41단 겉뜨기
42단 겉 3, 안 11
43~48단 (41~42단)×3
49단 겉뜨기
50단 코막음 7, 안 6 — 7코
51단 겉 5, 2코 모아뜨기 — 6코
52~56단 메리야스뜨기 5단

코막음하지 않고, 안전핀에 걸어둔다.

뒤판 — 왼쪽
흰색 실로 21코를 만들어 시작한다.

1단 겉뜨기
2단 안 18, 겉 3
3~6단 (1~2단)×2
7단 (첫 번째 단춧구멍)
겉 2, 실 앞으로, 2코 모아뜨기, 겉 17 — 21코
8단 안 18, 겉 3
9~24단 (1~2단)×8
25단 (두 번째 단춧구멍)
겉 2, 실 앞으로, 2코 모아뜨기, 겉 17 — 21코
26단 안 18, 겉 3
27~30단 (1~2단)×2
31단 겉뜨기
32단 코막음 3, 안 14, 겉 3 — 18코
33단 2코 남을 때까지 겉뜨기, 2코 모아뜨기 — 17코
34단 3코 남을 때까지 안뜨기, 겉 3
35~40단 (33~34단)×3 — 14코
41단 (세 번째 단춧구멍)
겉 2, 실 앞으로, 2코 모아뜨기, 겉 10 — 14코
42단 안 11, 겉 3
43단 겉뜨기
44~47단 (42~43단)×2
48단 안 11, 겉 3
49단 코막음 7, 겉 6 — 7코
50단 안뜨기
51단 오른코 줄이기, 겉 5 — 6코
52~56단 메리야스뜨기 5단

코막음하지 않고, 안전핀에 걸어둔다.

• p.44, 46을 참고하여, 블라우스 앞판과 뒤판의 어깨부분을 3 니들 바인드 오프 한다.

03

옷깃

• 대바늘 2.5mm를 사용한다.

• 어깨를 연결한 후, 목 부분의 코를 주워 뜬다.

옷깃 — 오른쪽

블라우스 오른쪽 목뒤 선에서 앞판 중심까지 안쪽 면을 보고 22코를 주워 바늘에 코를 걸어 만든다.

1~5단	안뜨기로 시작, 메리야스뜨기 4단
6단	겉 20, 2코 모아뜨기 — 21코
7단	안뜨기
8단	겉 19, 2코 모아뜨기 — 20코
9단	안 2코 모아뜨기, 안 18 — 19코

코막음

★ p.47 '블라우스 옷깃 코줍기' 참고

옷깃 — 왼쪽

블라우스 앞판 중심부터 왼쪽 목뒤 선까지 안쪽 면을 보고 22코를 주워 바늘에 코를 걸어 만든다.

1~5단	안뜨기로 시작, 메리야스뜨기 4단
6단	오른코 줄이기, 안 20 — 21코
7단	안뜨기
8단	오른코 줄이기, 안 19 — 20코
9단	안 18, 안 2코 꼬아뜨기 — 19코

코막음

04

소매

• 대바늘 2.5mm를 사용한다.
• 소매 2장을 만든다.

흰색 실로 23코를 만들어 시작한다.

1~4단	메리야스뜨기 4단
5단	(늘리기)×23—46코
6~24단	메리야스뜨기 19단
25단	겉 1, 2코 모아뜨기, 겉 40, 오른코 줄이기, 겉 1—44코
26~30단	메리야스뜨기 5단
31단	겉 1, 2코 모아뜨기, 3코 남을 때까지 겉뜨기, 오른코 줄이기, 겉 1—42코
32단	안뜨기
33~38단	(31~32단)×3—36코
39단	코막음 3, 겉 32—33코
40단	코막음 3, 안 29—30코
41단	오른코 줄이기, 2코 남을 때까지 겉뜨기, 2코 모아뜨기 —28코
42단	안뜨기
43~46단	(41~42단)×2—24코
47단	겉뜨기
48단	안뜨기
49단	오른코 줄이기, 겉 20, 2코 모아뜨기—22코
50단	안 2코 모아뜨기, 안 18, 안 2코 꼬아뜨기—20코
51단	오른코 줄이기, 겉 16, 2코 모아뜨기—18코
52단	안 2코 모아뜨기, 안 14, 안 2코 꼬아뜨기—16코
53단	오른코 줄이기, 겉 12, 2코 모아뜨기—14코
54단	(안 2코 모아뜨기)×7—7코

코막음

05

앞치마 · 망토

• 앞치마는 대바늘 2.5mm를 사용한다.

• 망토는 대바늘 3.0mm를 사용한다.

앞치마

흰색 실로 36코를 만들어 시작한다.

1~3단 가터뜨기 3단

4단 겉 2, 안 32, 겉 2 — 36코

5단 겉뜨기

6~43단 (4~5단)×19

44단 겉 2, (안 2코 모아뜨기)×16, 겉 2 — 20코

코막음

앞치마의 허리끈

흰색 실로 202코를 만들어 시작한다.

메리야스뜨기 4단

코막음

망토

진파란색 실로 100코를 만들어 시작한다.

1~3단 가터뜨기 3단

4단 겉 4, 안 92, 겉 4 — 100코

5단 겉뜨기

6단 겉 4, 안 92, 겉 4

7~100단 (5~6단)×47

101단 (리본 바느질 구멍) 겉 2,
(실 앞으로, 2코 모아뜨기)×48, 겉 2

102단 겉 4, 안 92, 겉 4

103단 겉뜨기

104~167단 (102~103단)×32

• 바늘에 있는 코를 반으로 나누어 2개의 바늘에 옮기고 망토의 겉면끼리 마주 대고, 3 니들 바인드 오프 한다.

조립도

★→ : 뜨는 방향

블라우스

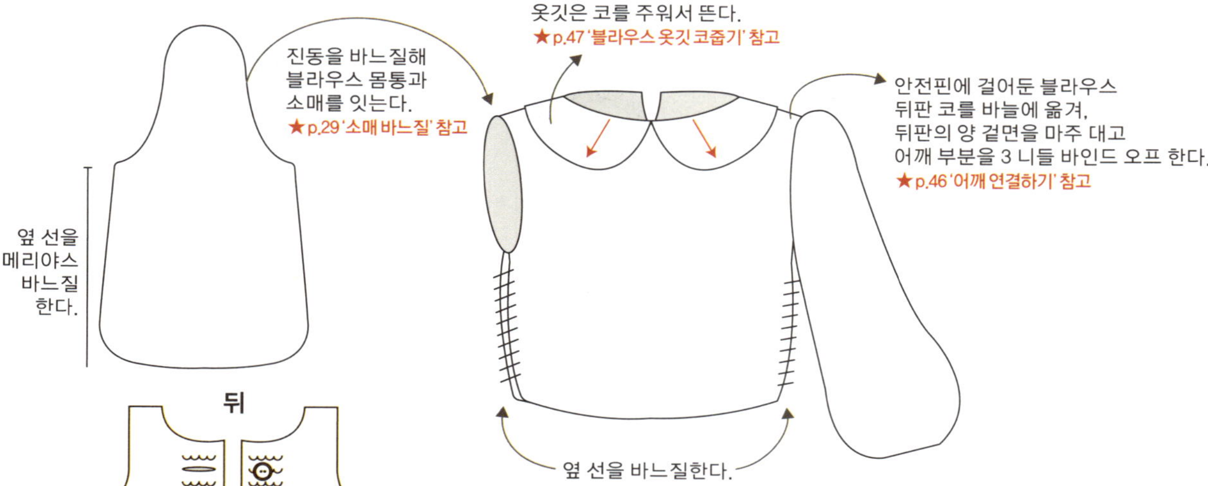

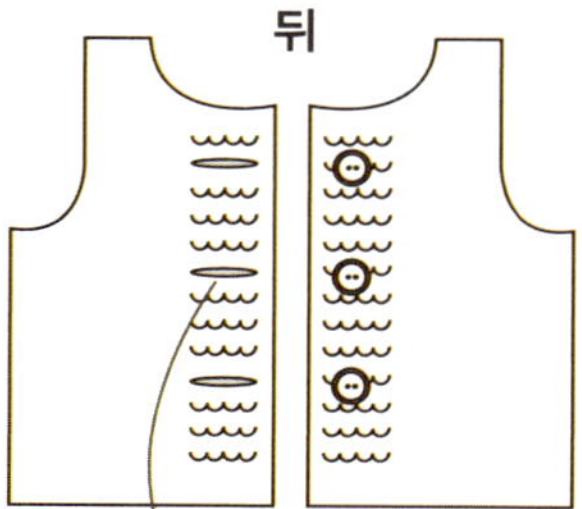

원피스

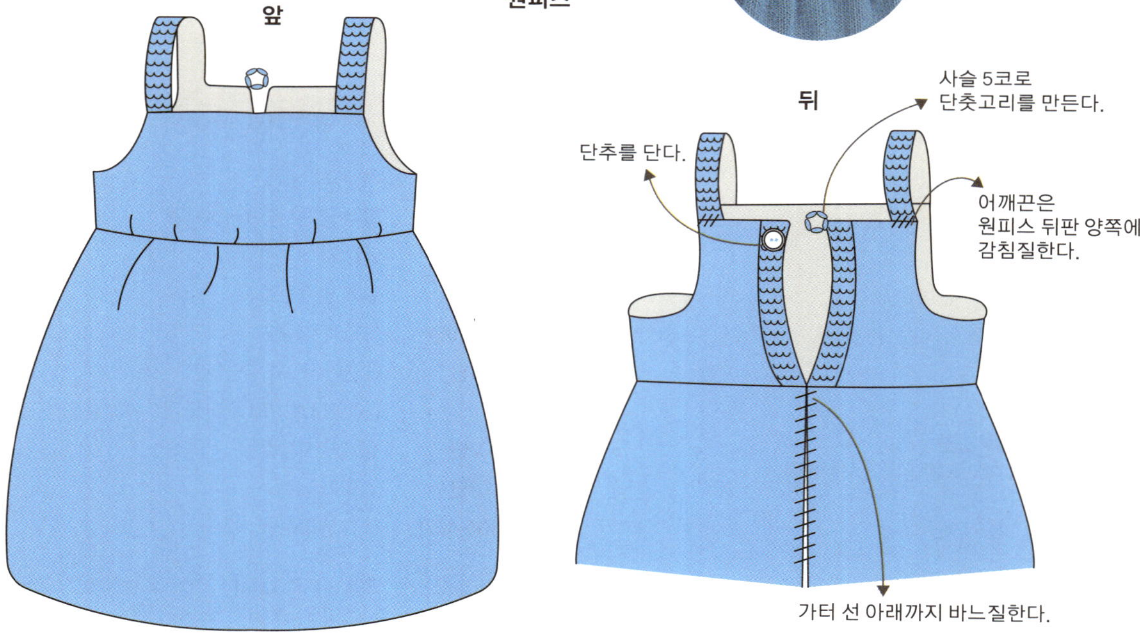

앞치마

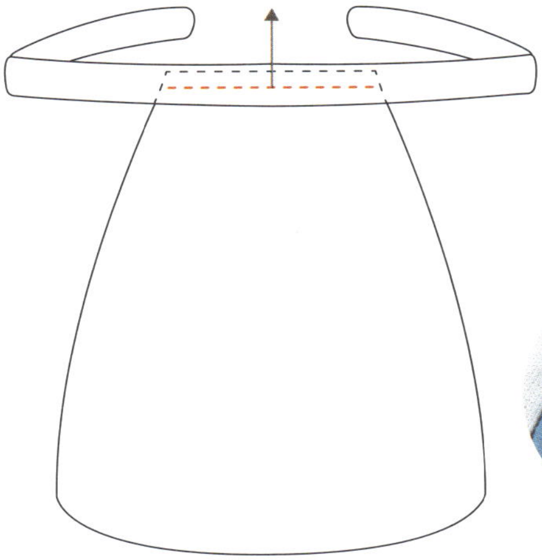

앞치마 위에 허리끈을 걸쳐서
중심선을 맞춰 놓고 박음질한다.

망토

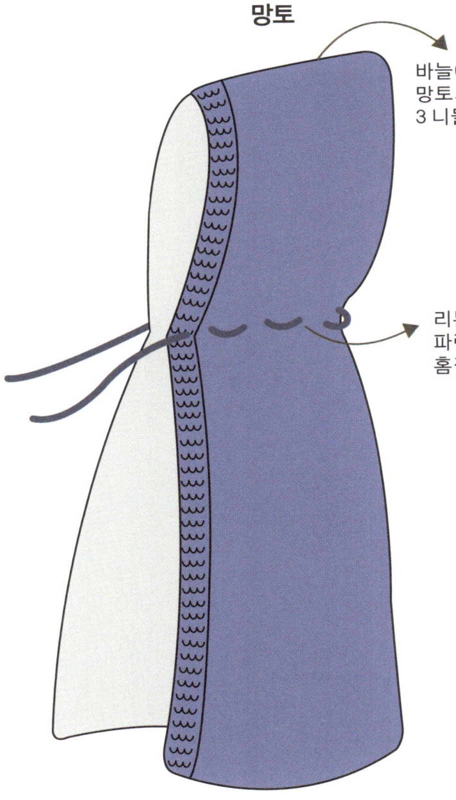

바늘에 있는 코를 반으로 나누고,
망토의 양 겉면을 마주 댄 뒤
3 니들 바인드 오프 한다.

리본 바느질 구멍에
파란색 5㎜ 공단 리본을
홈질하며 통과시킨다.

옷 입히는 순서

01

어깨 연결하기

1 안전핀에 걸어둔 코를 바늘에 옮긴 후,
앞판의 겉감과 뒤판의 겉감이 맞닿게 놓는다.

2 앞쪽과 뒤쪽의 첫 코를 바늘로 같이 찔러
겉뜨기한다.

3 그다음 코도 겉뜨기로 뜬다.

4 처음 코로 두 번째 코를 덮어씌운다.
2~4번을 반복한다.

02
블라우스 옷깃 코줍기

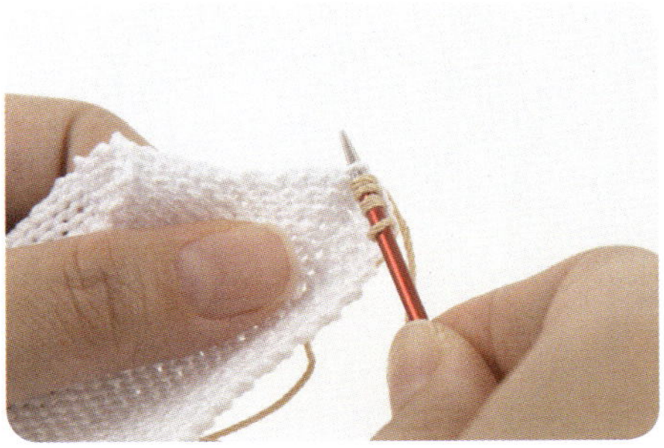

1 블라우스의 옷깃은 안면에서 코를 줍는다. 오른쪽부터 바늘을 넣어 시작한다.

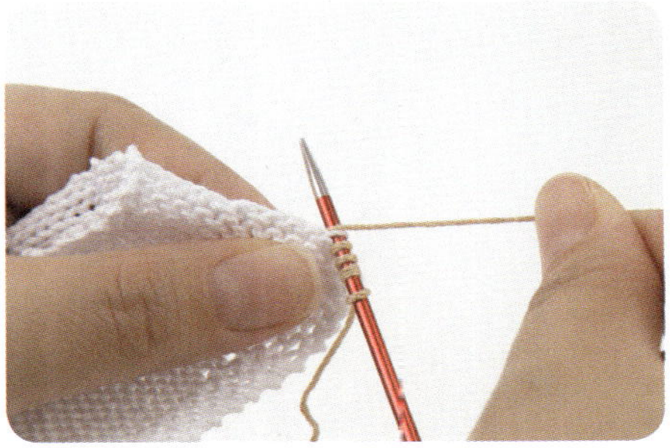

2 시계 반대 방향으로 실을 바늘에 감는다.

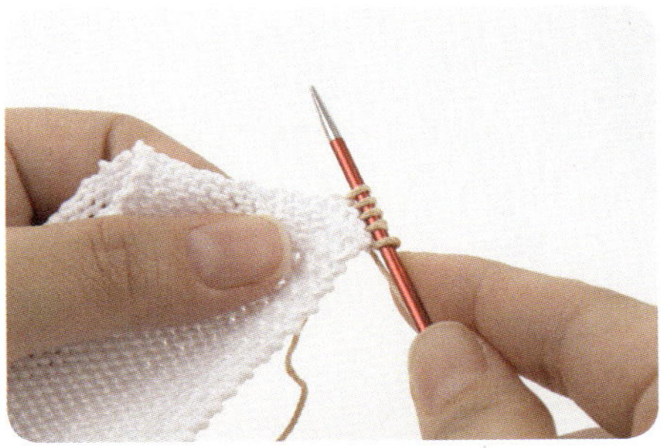

3 바늘을 넣은 코 사이로 실을 빼낸다. 앞 목 중심까지만 먼저 코를 주운 후 오른쪽 옷깃을 뜬다.

4 중심에서 다시 코를 주워 왼쪽 옷깃을 뜨면 완성된다.

★ 진행 방향 참고

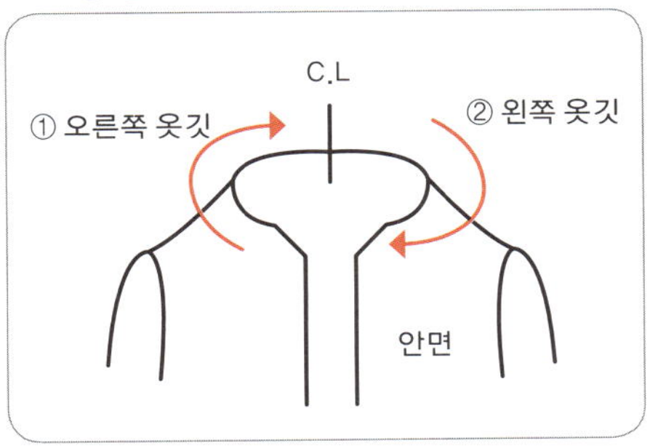

Yellow Classic Dress

노란색 클래식 드레스

"오늘 나와 함께 춤을 추지 않겠소?"
"좋아요! 이따 저녁에 만나요."
야수의 수줍은 제안을 벨은 흔쾌히 수락했어요.
오늘 밤, 야수와 미녀는 성안에 있는
무도회장에서 둘만의 시간을 갖게 될 거예요.
설레는 마음을 안고, 머리를 예쁘게 단장한 벨은
화사한 노란색 드레스를 입고 무도회장으로 향해요.

BASIC INFORMATION

난이도	초~중급
게이지	30코×36단(10㎝×10㎝)
바늘	모사용 코바늘 2~3호(2.0~2.2㎜), 돗바늘
실	코바늘 2.0~3.0㎜ 추천 실(연노란색, 진노란색, 빨간색)
부자재	걸단추 2쌍
기법	사슬뜨기, 빼뜨기, 짧은뜨기, 늘리기, 줄이기, 앞고리 이랑뜨기, 뒷고리 이랑뜨기, 긴뜨기, 긴뜨기 늘리기, 긴뜨기 2코 늘리기, 한길긴뜨기, 한길긴뜨기 2코 늘리기, ( ) 반복, *…*(*표 사이의 기법을 한 코에 모두 뜨기)

01
드레스 상단

• 모사용 코바늘 2호(2.0㎜)를 사용한다.

진노란색 실로 사슬 9코를 만든다.
2번째 사슬부터 시작하여 뒷고리 이랑뜨기로
모든 단을 평면뜨기한다.

1단 짧은뜨기 8, 사슬 1, 방향 바꾸기 — 8코
2~15단 짧은뜨기 8, 사슬 1, 방향 바꾸기(14단) — 8코
16단 짧은뜨기 7, 늘리기, 사슬 1, 방향 바꾸기 — 9코
17단 짧은뜨기 9, 사슬 1, 방향 바꾸기
18단 짧은뜨기 8, 늘리기, 사슬 1, 방향 바꾸기 — 10코
19단 짧은뜨기 10, 사슬 1, 방향 바꾸기
20단 짧은뜨기 9, 늘리기, 사슬 1, 방향 바꾸기 — 11코
21단 짧은뜨기 11, 사슬 1, 방향 바꾸기
22단 짧은뜨기 10, 늘리기, 사슬 1, 방향 바꾸기 — 12코
23단 짧은뜨기 12, 사슬 1, 방향 바꾸기
24단 짧은뜨기 11, 늘리기, 사슬 1, 방향 바꾸기 — 13코
25~37단 짧은뜨기 13, 사슬 1, 방향 바꾸기(13단)
38단 짧은뜨기 11, 줄이기, 사슬 1, 방향 바꾸기 — 12코
39단 짧은뜨기 12, 사슬 1, 방향 바꾸기
40단 짧은뜨기 10, 줄이기, 사슬 1, 방향 바꾸기 — 11코
41단 짧은뜨기 11, 사슬 1, 방향 바꾸기
42단 짧은뜨기 9, 줄이기, 사슬 1, 방향 바꾸기 — 10코
43단 짧은뜨기 10, 사슬 1, 방향 바꾸기
44단 짧은뜨기 8, 줄이기, 사슬 1, 방향 바꾸기 — 9코
45단 짧은뜨기 9, 사슬 1, 방향 바꾸기
46단 짧은뜨기 7, 줄이기, 사슬 1, 방향 바꾸기 — 8코
47~60단 짧은뜨기 8, 사슬 1, 방향 바꾸기(14단) — 8코

실을 자르고 정리한다.

02

드레스 상단 레이스

• 모사용 코바늘 2호(2.0mm)를 사용한다.

★ p.57 '드레스 상단 레이스 무늬 도안' 참고

연노란색 실로 사슬 165코를 만든다.
7번째 코부터 평면뜨기한다.

1단 (한길긴뜨기 1, 사슬 1, 사슬 1코 건너뛰기)×79, 한길긴뜨기 1, 사슬 4, 방향 바꾸기 — 80무늬

2단 사슬 1코 건너뛰기, (한길긴뜨기 1, 사슬 1, 사슬 1코 건너뛰기)×79, 한길긴뜨기 1, 사슬 4, 방향 바꾸기 — 80무늬

3~6단 (1~2단)×2

실을 자르고 정리한다.

03

드레스 하단

• 모사용 코바늘 2호(2.0㎜), 3호(2.2㎜)를 사용한다.

★p.58 '드레스 하단 도안' 참고

모사용 코바늘 2호(2.0㎜)를 사용해 진노란색 실로 드레스 상단의 옆단에서 시작한다.

★p.59 '드레스 하단 코줍기' 참고

1단 매 단마다 1코씩 짧은뜨기로 60코를 줍는다.
첫 코에 빼뜨기하고 원형뜨기 ─ 60코

연노란색 실로 변경한다.

2단 사슬 1, 뒷고리 이랑 짧은뜨기 60,
첫 코에 빼뜨기 ─ 60코

3단 (이 단은 뒷고리 이랑뜨기한다.)
사슬 2(첫 코), 첫 코에 긴뜨기 1,
긴뜨기 2코 늘리기,
(긴뜨기 늘리기, 긴뜨기 2코 늘리기)×29,
첫 코 2번째 사슬에 빼뜨기 ─ 150코

4단 사슬 1, *짧은뜨기 1, 사슬 2, 짧은뜨기 1*×150,
첫 코에 빼뜨기, 사슬 1 ─ 150무늬

5단 (방향을 바꿔 안면에서 사슬 공간에 한 무늬씩 뜬다.)
짧은뜨기 1, 사슬 2, 짧은뜨기 1×150,
첫 코에 빼뜨기, 사슬 1 ─ 150무늬

6단 (방향을 바꿔 겉면에서 사슬 공간에 한 무늬씩 뜬다.)
짧은뜨기 1, 사슬 2, 짧은뜨기 1×150,
첫 코에 빼뜨기, 사슬 1 ─ 150무늬

홀수 단은 안면, 짝수 단은 겉면에서 뜬다.

7~28단 (5~6단)×11

모사용 코바늘 3호(2.2㎜)로 변경한다.

29~56단 (5~6단)×14

57단 겉면의 사슬 공간에 뜬다.
(짧은뜨기 2코 늘리기)×150,
첫 코에 빼뜨기 ─ 450코

실을 자르고 정리한다.

04

드레스 하단 레이스

• 모사용 코바늘 2호(2.0㎜)를 사용한다.

★ p.57 '드레스 하단 레이스 무늬 도안' 참고

연노란색 실로 사슬 240코를 만든다.
첫 번째 사슬에 빼뜨기로 연결하여 원형뜨기한다.

1~5단 사슬 4, 사슬 1코 건너뛰기,
(한길긴뜨기 1, 사슬 1, 사슬 1코 건너뛰기)×119,
3번째 사슬(기둥코)에 빼뜨기 ― 120무늬

6단 사슬 3, 사슬 1코 건너뛰기,
(한길긴뜨기 1, 사슬 1코 건너뛰기)×119,
3번째 사슬(기둥코)에 빼뜨기 ― 120코

실을 자르고 정리한다.

05 노란 장미꽃

• 모사용 코바늘 2호(2.0㎜)를 사용한다.
• 장미꽃 8개를 만든다.

★ p.58 '노란 장미꽃 도안' 참고

연노란색 실로 사슬 10코를 만든다.
3번째 사슬에서시작한다.

1단 (긴뜨기 2코 늘리기)×8 — 24코

실을 자르고 정리한다.

06 빨간 장미꽃

• 모사용 코바늘 2호(2.0㎜)를 사용한다.
• 장미꽃 1개를 만든다.

★ p.58 '빨간 장미꽃 도안' 참고

빨간색 실로 사슬 12코를 만든다.
3번째 사슬에서 시작한다.

1단 (한길긴뜨기 2코 늘리기)×10 — 30코

실을 자르고 정리한다.

조립도

★→ : 뜨는 방향

앞

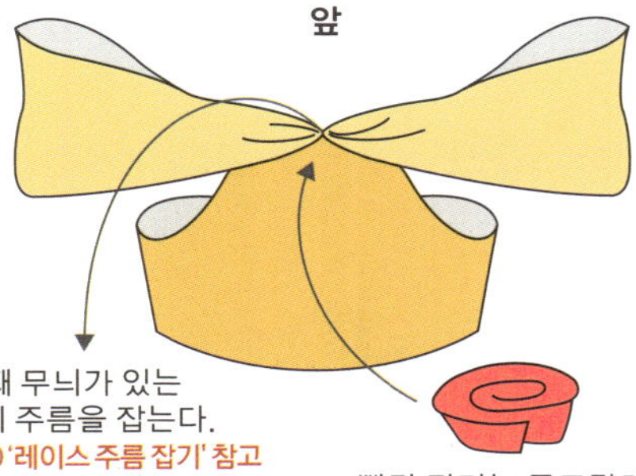

40번째 무늬가 있는
중앙에 주름을 잡는다.
★ p.60 '레이스 주름 잡기' 참고

빨간 장미는 동그랗게 말아 바느질하고
드레스 상단의 가운데에 고정한다.
★ p.60 '장미꽃 달기' 참고

뒤

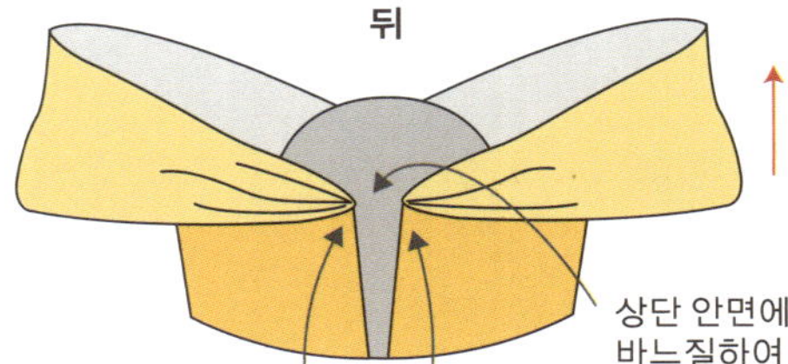

상단 안면에 걸단추를
바느질하여 고정한다.
★ p.59 '드레스에 걸단추 달기' 참고

레이스의 처음과 끝을
주름잡아 드레스 상단
양쪽에 고정한다.

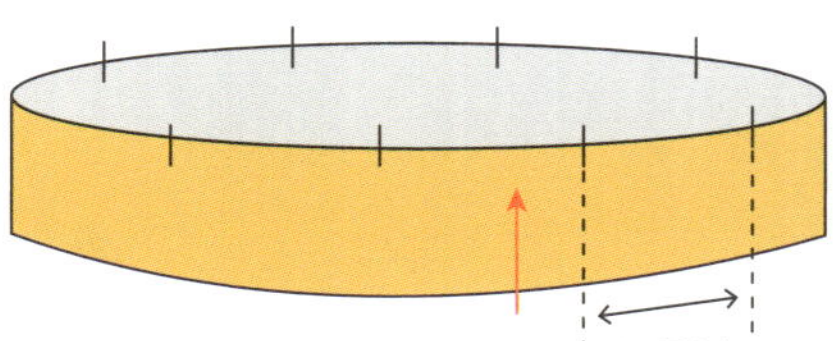

15무늬

드레스 하단 레이스(총 120무늬)

15무늬 마다 묶어 총 8개 주름을
만든 후 치마에 고정한다.
장미는 주름 잡은 곳에 달아준다.

드레스 상단 레이스 무늬 도안

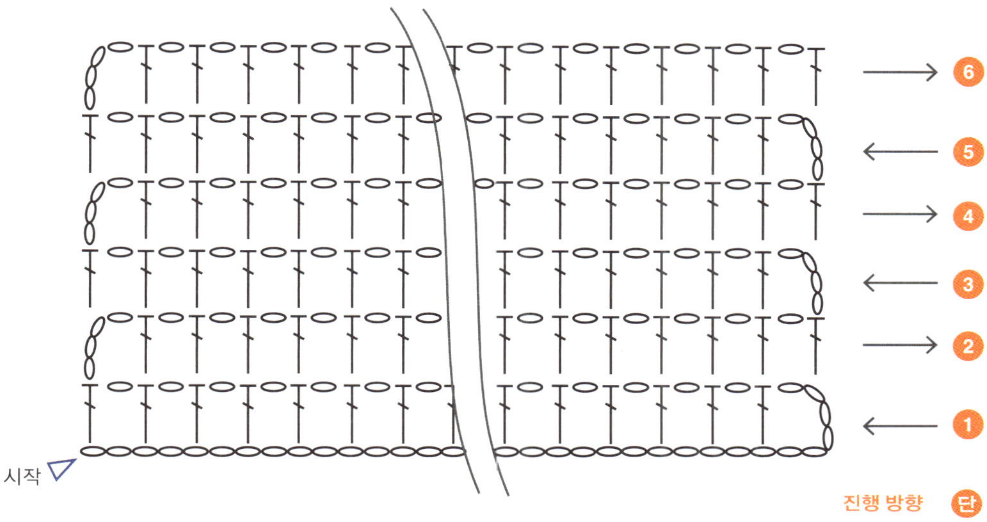

드레스 하단 레이스 무늬 도안

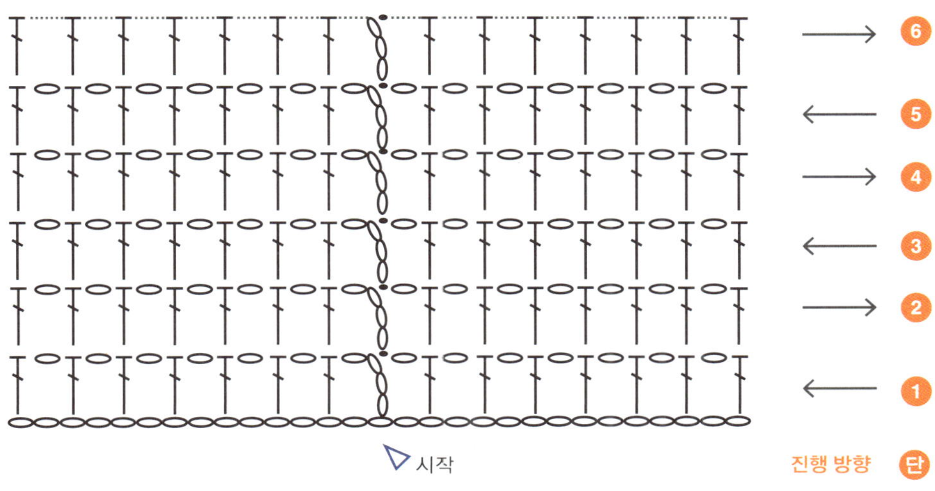

드레스 하단 무늬 도안

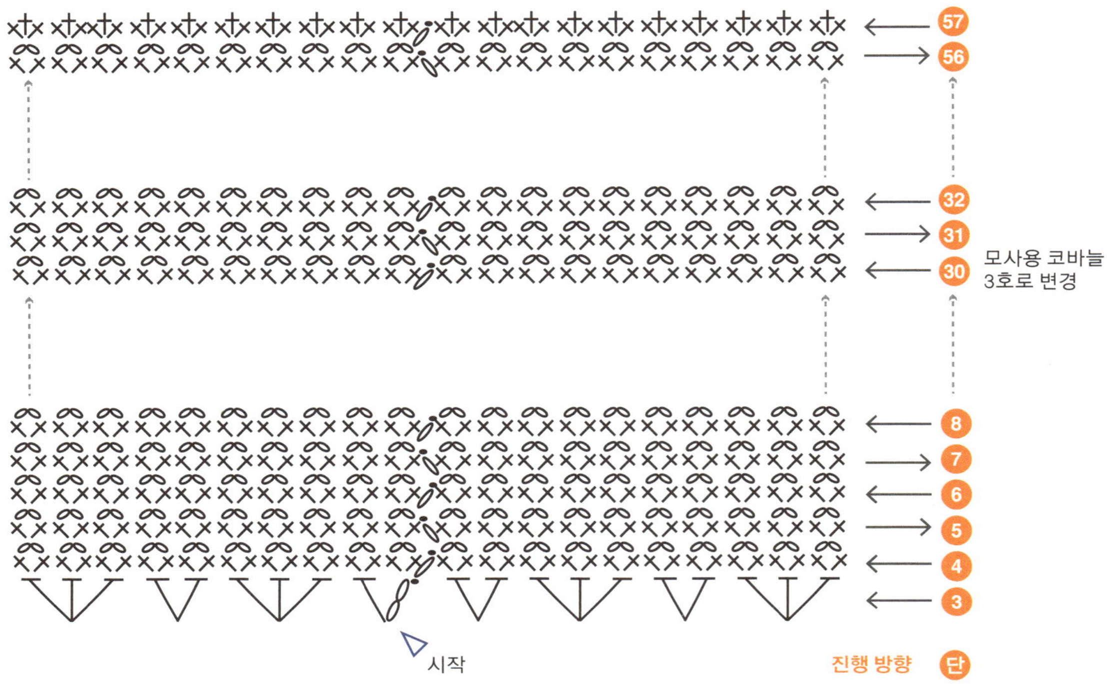

노란 장미꽃 도안

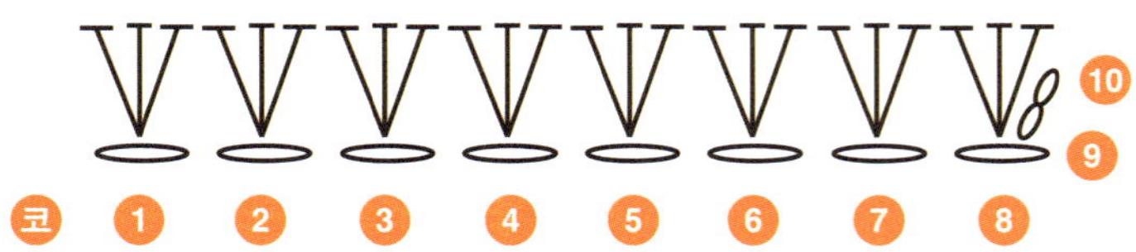

빨간 장미꽃 도안

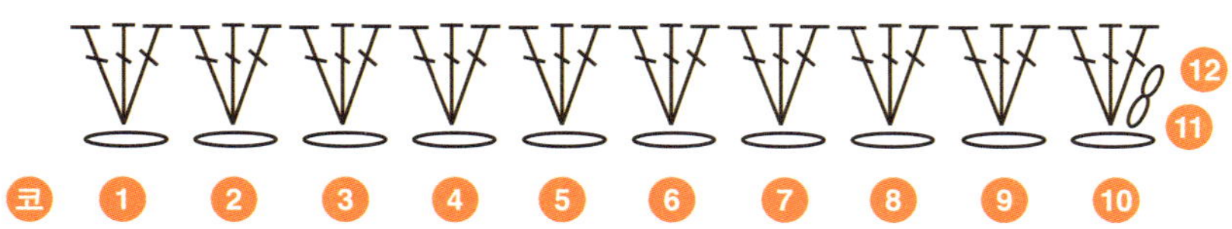

01

드레스 하단 코줍기

1 사진에 표시된 위치에 코바늘을 넣어 코를 줍는다.

2 사진처럼 짧은뜨기로 한 단에 한 코씩 코를 줍는다.

02

드레스에 걸단추 달기

1 안면에서 걸단추의 둥근 부분을 촘촘히 바느질하여 단단히 고정한다.

2 걸단추를 열고 닫아 옷을 입히고 벗길 수 있다.

03

레이스 주름 잡기

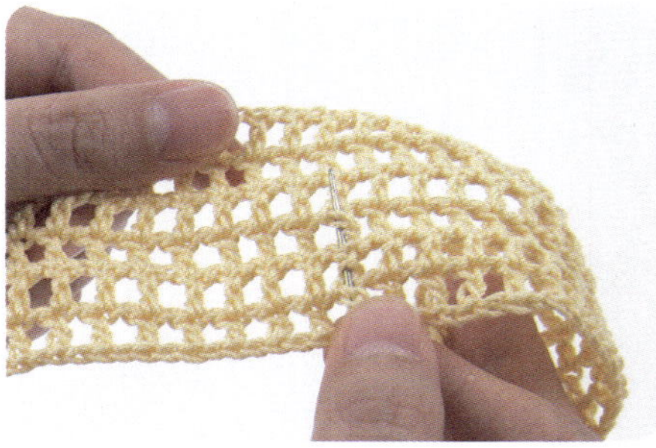

1 레이스에서 한길긴뜨기한 부분에 사진처럼 돗바늘을 꽂아 주름을 만든다.

2 레이스의 처음, 중앙(40번째 무늬), 끝부분에 주름을 만든다.

3 레이스의 중앙은 드레스 상의 중간에 맞춰 바느질하여 고정한다.

4 레이스의 처음과 끝은 걸단추가 달린 드레스 뒷면의 겉면에 바느질하여 고정한다.

04

장미꽃 달기

1 사진처럼 돌돌 말아서 장미꽃 모양을 만들고 풀리지 않도록 바느질한다.

2 장미꽃을 레이스 중앙의 주름 잡힌 부분에 바느질하여 고정한다.

Beauty and the Beast

Red Riding Outfit

빨간색
승마복

하얀 눈이 소복이 쌓인 정원을
벨이 말 필립과 함께 걷고 있어요.
"멍멍!"
그때 눈이 내려 신난 강아지
프루프루가 눈 속으로 뛰어들었다가
꼬리를 흔들며 벨에게 폭 안겨요.
벨은 미소를 지으며 필립과
프루프루를 꼭 끌어안았어요.

BASIC INFORMATION

난이도	초~중급
게이지	30코×36단(10㎝×10㎝)
바늘	모사용 코바늘 2호(2.0㎜), 돗바늘
실	코바늘 2.0~2.5㎜ 추천 실(빨간색, 흰색), 자수실(흰색)
부자재	걸단추 4쌍, 5㎝ 진주알 4개
기법	사슬뜨기, 빼뜨기, 짧은뜨기, 늘리기, 줄이기, 앞고리 이랑뜨기, 뒷고리 이랑뜨기, 한길긴뜨기, 한길긴뜨기 늘리기, ( ) 반복, 되돌아 짧은뜨기, *…*(*표 사이의 기법을 한 코에 모두 뜨기)

01

재킷

• 모사용 코바늘 2호(2.0㎜)를 사용한다.

빨간색 실로 사슬 43코를 만든다.
2번째 사슬부터 시작하여 평면뜨기한다.

1~4단 짧은뜨기 42, 사슬 1, 방향 바꾸기(4단) — 42코

5단 짧은뜨기 8, 늘리기, 짧은뜨기 4, 늘리기, 짧은뜨기 14, 늘리기, 짧은뜨기 4, 늘리기, 짧은뜨기 8, 사슬 1, 방향 바꾸기 — 46코

6단 짧은뜨기 8, 늘리기, 짧은뜨기 6, 늘리기, 짧은뜨기 14, 늘리기, 짧은뜨기 6, 늘리기, 짧은뜨기 8, 사슬 1, 방향 바꾸기 — 50코

7단 짧은뜨기 7, (늘리기)×2, 짧은뜨기 8, (늘리기)×2, 짧은뜨기 12, (늘리기)×2, 짧은뜨기 8, (늘리기)×2, 짧은뜨기 7, 사슬 1, 방향 바꾸기 — 58코

8단 짧은뜨기 9, 늘리기, 짧은뜨기 10, 늘리기, 짧은뜨기 16, 늘리기, 짧은뜨기 10, 늘리기, 짧은뜨기 9 — 62코

9단 짧은뜨기 9, 늘리기, 짧은뜨기 12, 늘리기, 짧은뜨기 16, 늘리기, 짧은뜨기 12, 늘리기, 짧은뜨기 9, 사슬 1, 방향 바꾸기 — 66코

10단 짧은뜨기 8, (늘리기)×2, 짧은뜨기 14, (늘리기)×2, 짧은뜨기 14, (늘리기)×2, 짧은뜨기 14, (늘리기)×2, 짧은뜨기 8, 사슬 1, 방향 바꾸기 — 74코

11단 짧은뜨기 10, 늘리기, 짧은뜨기 16, 늘리기, 짧은뜨기 18, 늘리기, 짧은뜨기 16, 늘리기 짧은뜨기 10, 사슬 1, 방향 바꾸기 — 78코

12단 짧은뜨기 10, 늘리기, 짧은뜨기 18, 늘리기, 짧은뜨기 18, 늘리기, 짧은뜨기 18, 늘리기, 짧은뜨기 10, 사슬 1, 방향 바꾸기 — 82코

13단 짧은뜨기 9, (늘리기)×2, 짧은뜨기 20, (늘리기)×2, 짧은뜨기 16, (늘리기)×2, 짧은뜨기 20, (늘리기)×2, 짧은뜨기 9, 사슬 1, 방향 바꾸기 — 90코

14단 짧은뜨기 11, 늘리기, 짧은뜨기 22, 늘리기, 짧은뜨기 20, 늘리기, 짧은뜨기 22, 늘리기, 짧은뜨기 11, 사슬 1, 방향 바꾸기 — 94코

15단 짧은뜨기 11, 늘리기, 짧은뜨기 24, 늘리기,
짧은뜨기 20, 늘리기, 짧은뜨기 24, 늘리기,
짧은뜨기 11, 사슬 1, 방향 바꾸기 — 98코

16단 짧은뜨기 10, (늘리기)×2, 짧은뜨기 26,
(늘리기)×2, 짧은뜨기 18, (늘리기)×2,
짧은뜨기 26, (늘리기)×2, 짧은뜨기 10, 사슬 1,
방향 바꾸기 — 106코

17단 짧은뜨기 12, 늘리기, 짧은뜨기 28, 늘리기,
짧은뜨기 22, 늘리기, 짧은뜨기 28, 늘리기,
짧은뜨기 12, 사슬 1, 방향 바꾸기 — 110코

18단 짧은뜨기 14, 사슬 5(겨드랑이 부분),
28코 건너뛰기(소매 부분),
29번째 코부터 짧은뜨기 26,
사슬 5(겨드랑이 부분),
28코 건너뛰기(소매 부분),
29번째 코부터 짧은뜨기 14 — 64코

★ p.72 '재킷 몸통 18단 뜨기' 참고

19단 짧은뜨기 13, 늘리기,
사슬 1개에 한 코씩 짧은뜨기 5(겨드랑이 부분),
늘리기, 짧은뜨기 24, 늘리기,
사슬 1개에 한 코씩 짧은뜨기 5(겨드랑이 부분),
늘리기, 짧은뜨기 13, 사슬 1, 방향 바꾸기 — 68코

20~28단 짧은뜨기 68, 사슬 1, 방향 바꾸기(9단) — 68코

29단 짧은뜨기 17, 늘리기, 짧은뜨기 32, 늘리기,
짧은뜨기 17, 사슬 1, 방향 바꾸기 — 70코

30단 짧은뜨기 70, 사슬 3(다음 단의 첫 코가 된다.),
방향 바꾸기 — 70코

31단 (이 단은 앞고리 이랑뜨기한다.)
한길긴뜨기 6, (한길긴뜨기 3,
한길긴뜨기 늘리기)×14, 한길긴뜨기 7,
사슬 3(다음 단의 첫 코가 된다.),
방향 바꾸기 — 84코

32단 한길긴뜨기 6, (한길긴뜨기 2,
한길긴뜨기 늘리기, 한길긴뜨기 2)×14,
한길긴뜨기 7, 사슬 3(다음 단의 첫 코가 된다.),
방향 바꾸기 — 98코

33단 한길긴뜨기 6, (한길긴뜨기 늘리기,
한길긴뜨기 2)×28, 한길긴뜨기 7,
사슬 3(다음 단의 첫 코가 된다.),
방향 바꾸기 — 126코

34단 한길긴뜨기 6, (한길긴뜨기 4,
한길긴뜨기 늘리기, 한길긴뜨기 3)×14,
한길긴뜨기 7, 사슬 3(다음 단의 첫 코가 된다.),
방향 바꾸기 — 140코

35단 한길긴뜨기 140 — 140코

실을 자르고 정리한다.

• 옷깃 레이스를 먼저 뜨고, 재킷의 4면을 짧은뜨기로 둘러 마무리한다.

★ p.72 '재킷 단에서 코줍기' 참고

02

옷깃 레이스

• 모사용 코바늘 2호(2.0㎜)를 사용한다.

★ p.71 '소매, 옷깃 레이스 무늬 도안' 참고

흰색 실로 재킷의 오른쪽 13번째 단 안쪽에서부터 시작해서,
왼쪽 13번째 단까지 레이스를 뜬다.

★ p.73 '옷깃 레이스 코줍기' 참고

1단 *사슬 5, 한길긴뜨기 1*, *한길긴뜨기 1, 사슬 2,
한길긴뜨기 1*×67(재킷 왼쪽 13번째 단까지)

실을 자르고 정리한다.

03

소매

• 모사용 코바늘 2호(2.0㎜)를 사용한다.

빨간색 실로 재킷의 18단에서 코를 주워 원형뜨기한다.
겨드랑이의 중앙, 겉면에서 시작하여 짧은뜨기로 33코를 줍는다.
★p.72 '소매 코줍기' 참고

1단 겉면에서 짧은뜨기 33, 첫 코에 빼뜨기, 사슬 1, 방향 바꾸기 — 33코

2단 안면에서 짧은뜨기 33, 첫 코에 빼뜨기, 사슬 1, 방향 바꾸기 — 33코

3~26단 (1~2단)×12

27단 겉면에서 되돌아 짧은뜨기 33 — 33코

실을 자르고 정리한다.

04

소매 레이스

• 모사용 코바늘 2호(2.0㎜)를 사용한다.
★p71 '소매, 옷깃 레이스 무늬 도안' 참고

흰색 실로 소매 27단의 뒷고리에 뜬다.

1단 *사슬 5, 한길긴뜨기 1*, *한길긴뜨기 1, 사슬 2, 한길긴뜨기 1*×32, 사슬 3번째(기둥코)에 빼뜨기

실을 자르고 정리한다.

05

치마

• 모사용 코바늘 2호(2.0mm)를 사용한다.

빨간색 실로 사슬 60코를 만든다.
첫 번째 사슬에 빼뜨기로 연결하여 원형뜨기한다.

1~3단 사슬 1, 짧은뜨기 60, 첫 코에 빼뜨기 — 60코

4단 (이 단은 앞고리 이랑뜨기한다.)
사슬 1, (짧은뜨기 1, 늘리기)×30,
첫 코에 빼뜨기 — 90코

★p71 '치마 무늬 도안' 참고

5단 사슬 1, (짧은뜨기 1, 사슬 1, 1코 건너뛰기)×45,
첫 코에 빼뜨기, 방향 바꾸기 — 90코

6단 안면에서 사슬 1, (사슬 공간에 짧은뜨기 1, 사슬 1,
1코 건너뛰기)×45, 첫 코에 빼뜨기,
방향 바꾸기 — 90코

7단 겉면에서 사슬 1, [(사슬 공간에 짧은뜨기 1,
사슬 1, 1코 건너뛰기)×2, (사슬 공간에
짧은뜨기 1, 사슬 1, 짧은뜨기 1, 사슬 1,
1코 건너뛰기)]×15, 첫 코에 빼뜨기,
방향 바꾸기 — 120코

짝수 단은 안면, 홀수 단은 겉면에서 뜬다.

8~20단 사슬 1, (사슬 공간에 짧은뜨기 1, 사슬 1,
1코 건너뛰기)×60, 첫 코에 빼뜨기,
방향 바꾸기 — 120코

21단 사슬 1, [(사슬 공간에 짧은뜨기 1, 사슬 1,
1코 건너뛰기)×9, (사슬 공간에 *짧은뜨기 1,
사슬 1, 짧은뜨기 1, 사슬 1*, 1코 건너뛰기)]×6,
첫 코에 빼뜨기, 방향 바꾸기 — 132코

22~45단 사슬 1, (사슬 공간에 짧은뜨기 1, 사슬 1,
1코 건너뛰기)×66, 첫 코에 빼뜨기

46단 겉면에서 사슬 1, (사슬 공간에 짧은뜨기 1,
짧은뜨기 1)×66, 첫 코에 빼뜨기 — 132코

47단 겉면에서 되돌아 짧은뜨기 132 — 132코

실을 자르고 정리한다.

조립도

★→ : 뜨는 방향

걸단추 달기

진주 달기

수놓기

치마 밑단

재킷에 달린 레이스를 모두 먼저 뜬 뒤, 재킷의 4면을 짧은뜨기로
돌려 마무리한다. 레이스를 뜬 부분은 앞고리에 짧은뜨기로 떠준다.
매 코, 매 단마다 한 코씩 뜨고 네 군데 모서리에는 늘리기하여 매끄럽게 해준다.

★ p.72 '재킷 단에서 코 줍기' 참고

소매, 옷깃 레이스 무늬 도안

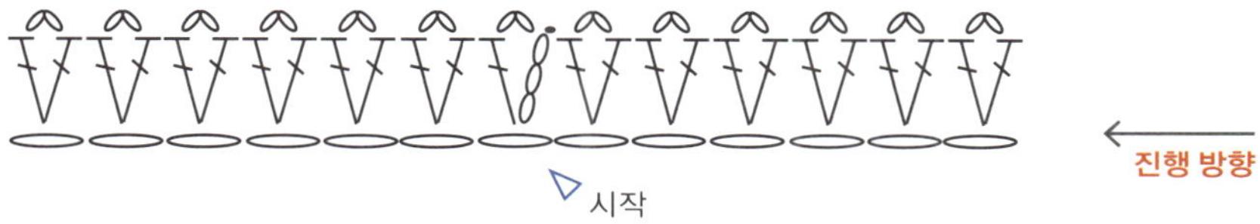

치마 무늬 도안

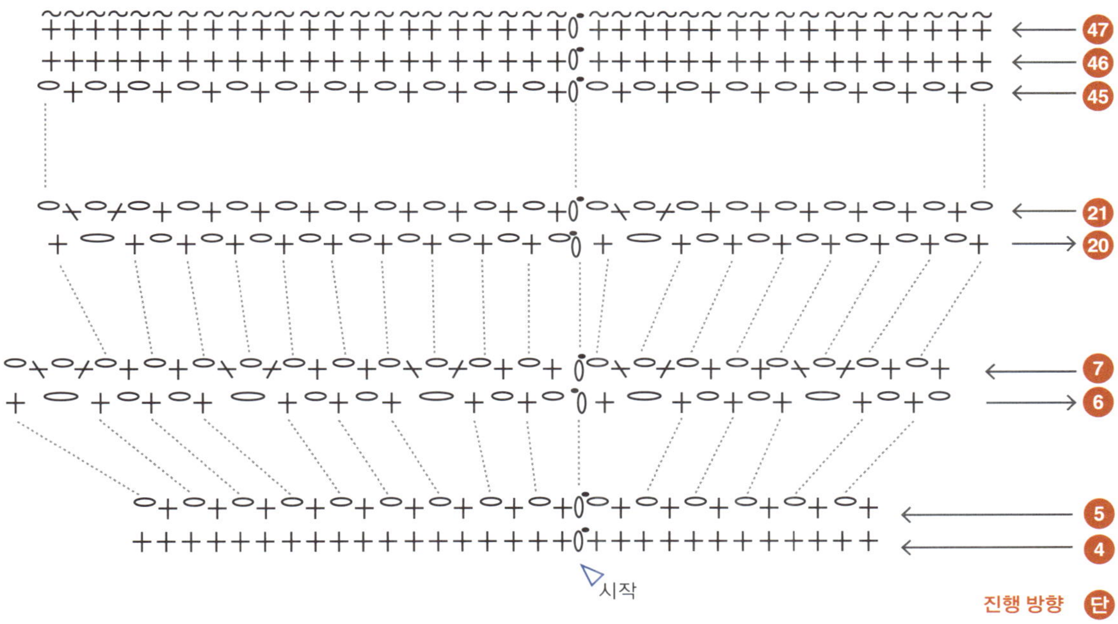

01
재킷 단에서 코줍기

1 사진에 표시된 위치에 코바늘을 넣어 코를 줍는다.

2 사진처럼 짧은뜨기로 한 단에 한 코씩 코를 줍는다.

02
재킷 몸통 18단 뜨기

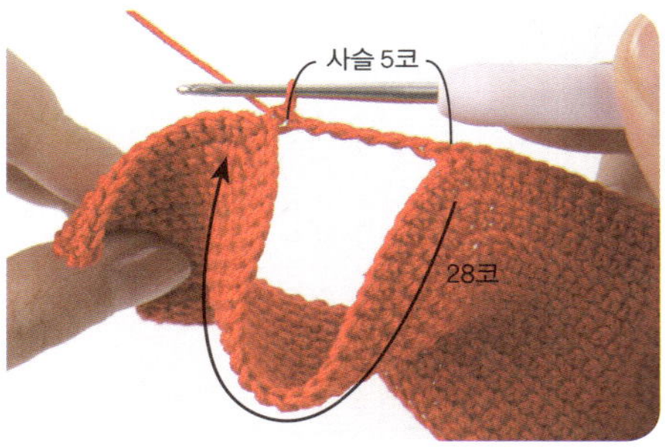

재킷 몸통 18단의 소매 부분을 남겨놓고 뜨는 모습이다. 사슬 5코를 뜬 후, 28코를 걸러 29번째 코에 짧은뜨기한다.

03
소매 코줍기

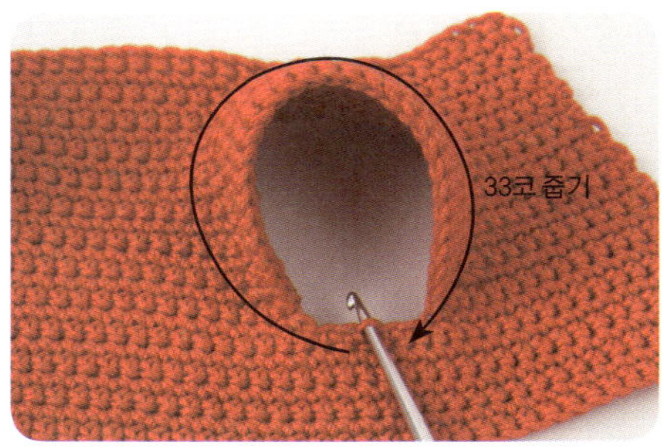

사진에 표시된 겨드랑이 중앙부터 시작하여 짧은뜨기로 코를 줍는다. 한 코에 한 번씩 짧은뜨기를 떠서 총 33코를 만든다.

04
옷깃 레이스 코줍기

1 재킷의 13단부터 안면에 사진에 표시된 위치에서 한 고리씩만 걸어 코를 줍는다.

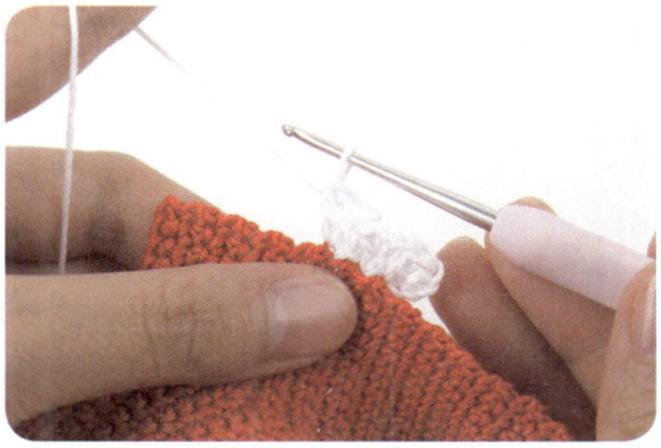

2 코를 주운 후 겉면에서 본 모습을 확인한다.

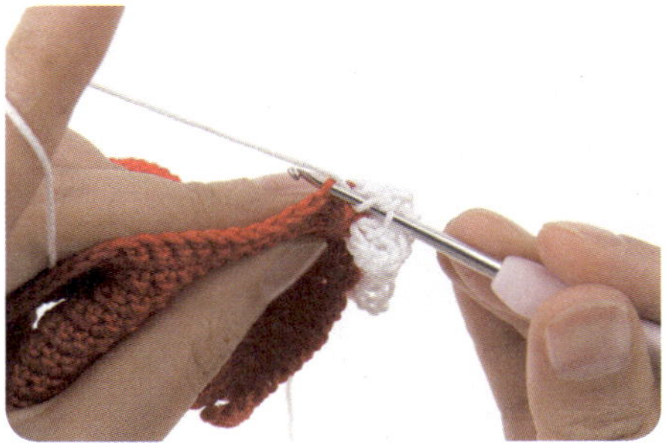

3 재킷의 윗부분은 뒷고리 이랑뜨기로 레이스를 뜬다.

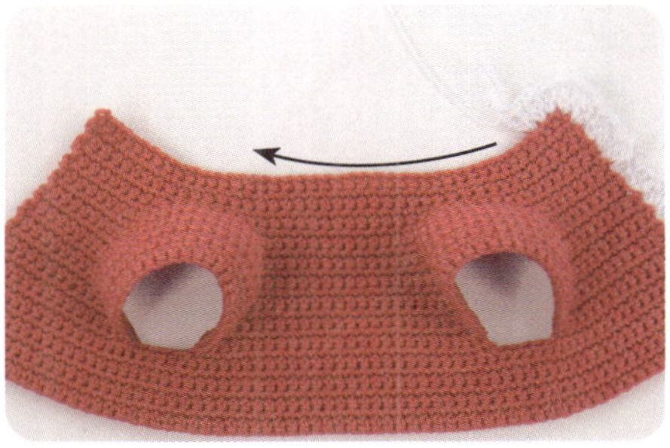

4 화살표 방향으로 레이스를 떠준다.

05
재킷에 걸단추 달기

1 재킷의 안면에 걸단추의 둥근 부분을 촘촘히 바느질하여 단단히 고정한다.

2 걸단추를 열고 닫아 옷을 입히고 벗길 수 있다.

06

재킷에 수놓기

1 흰색 자수실로 겉면에 고리를 만든다.

2 고리 끝 둥근 부분을 한 땀 떠서 고리를 고정한다.

3 한 곳에 고리를 3개씩 만든다.

4 양쪽에 4개씩 총 8개의 수를 놓는다.

07

재킷에 진주 달기

1 재킷의 왼쪽 자락, 수놓은 위치에 진주를 1개씩 안면에 바느질하여 고정한다.

2 걸단추를 닫았을 때 수놓은 위치에 진주가 1개씩 보인다.

Beauty and the Beast

Burgundy Winter Dress

버건디 겨울 드레스

"메리 크리스마스!"
마법이 풀린 야수의 성에서는
마에스트로가 연주하는 멋진 음악과 함께
떠들썩한 크리스마스 파티가 열렸어요.
진정한 사랑으로 다시 사람이 된 왕자와
아름다운 벨은 서로의 손을 꼭 잡고
행복한 크리스마스를 맞이해요.

BASIC INFORMATION

난이도	중급
게이지	32코×44단(10㎝×10㎝)
바늘	대바늘 2.0~3.0㎜
실	대바늘 2.5~3.5㎜ 추천 실(버건디색, 베이지색, 진베이지색, 분홍색, 초록색)
부자재	똑딱단추 1쌍, 미니 단추 1개(버건디색)
기법	겉뜨기, 안뜨기, 오른코 줄이기, 2코 모아뜨기, 안 2코 모아뜨기, 안 2코 꼬아뜨기, 오른 3코 모아뜨기, 오른코 늘리기, 왼코 늘리기, 안 3코 모아뜨기, 걸러뜨기, ( ) 반복, 늘리기, 감아코, 코 만들기, 코막음, 바늘 비우기(실 앞으로), 코줍기

01

블라우스

• 대바늘 2.5㎜를 사용한다.

블라우스 작업 순서

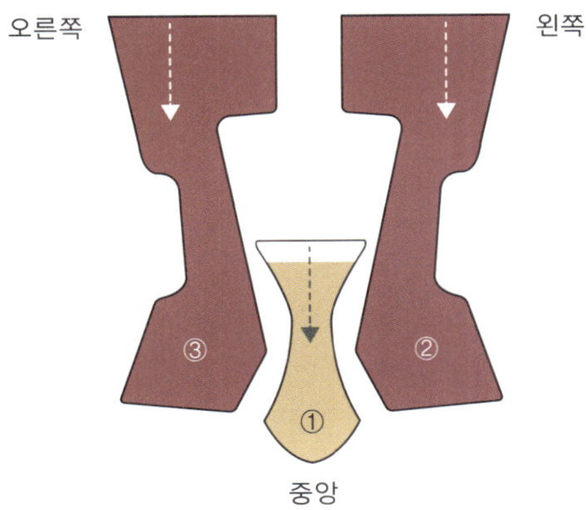

중앙

진베이지색 실로 13코를 만들어 시작한다.
위에서 아래로 뜬다.
(①번 부분 시작)

1~4단	가터뜨기 4단

베이지색 실로 변경한다.

5~10단	겉뜨기로 시작, 메리야스뜨기 6단
11단	겉 1, 오른코 줄이기, 3코 남을 때까지 겉뜨기, 2코 모아뜨기, 겉 1 — 11코
12~16단	메리야스뜨기 5단
17~22단	(11~16단)×1 — 9코
23단	겉 1, 오른코 줄이기, 3코 남을 때까지 겉뜨기, 2코 모아뜨기, 겉 1 — 7코
24~26단	메리야스뜨기 3단
27~30단	(23~26단)×1 — 5코
31단	겉 1, 오른코 만들기, 1코 남을 때까지 겉뜨기, 왼코 만들기, 겉 1 — 7코
32단	안뜨기
33~36단	(31~32단)×2 — 11코
37단	오른코 줄이기. 겉 7, 2코 모아뜨기 — 9코
38단	안 2코 모아뜨기, 안 5, 안 2코 꼬아뜨기 — 7코
39단	오른코 줄이기. 겉 3, 2코 모아뜨기 — 5코
40단	안 2코 모아뜨기, 안 1, 안 2코 꼬아뜨기 — 3코
41단	오른 3코 모아뜨기 — 1코

돗바늘로 마무리한다.

왼쪽
버건디색 실로 21코를 만들어 시작한다.
뒤판부터 시작해서 뜬다.
(②번 부분 시작)

1단	안 18, 겉 3
2단	겉뜨기
3~24단	(1~2단)×11
25단	코막음 3, 안 14, 겉 3 — 18코
26단	겉 16, 2코 모아뜨기 — 17코
27단	안 14, 겉 3
28단	겉 15, 2코 모아뜨기 — 16코
29단	안 13, 겉 3
30단	코막음 9, 겉 4, 2코 모아뜨기 — 6코
31단	안뜨기
32단	걸러뜨기, 겉 5
33단	안뜨기
34~69단	(32~33단)×18
70단	감아코 1, 겉 6 — 7코
71~77단	메리야스뜨기 7단
78단	겉 1, 오른코 만들기, 겉 5, 늘리기 — 9코
79단	안뜨기
80단	겉 8, 늘리기 — 10코
81단	안뜨기
82단	겉 9, 늘리기 — 11코
83단	감아코 2, 안 11 — 13코
84단	겉 1, 오른코 늘리기, 겉 12 — 14코
85~89단	메리야스뜨기 5단
90단	겉 1, 오른코 늘리기, 끝까지 겉뜨기 — 15코
91~93단	메리야스뜨기 3단
94~97단	(90~93단)×1 — 16코
98단	겉 1, 오른코 줄이기, 끝까지 겉뜨기 — 15코
99단	안뜨기
100~103단	(98~99단)×2 — 13코

코막음

오른쪽
버건디색 실로 21코를 만들어 시작한다.
(③번 부분 시작)

1단	겉 3, 안 18
2단	겉뜨기
3~22단	(1~2단)×10
23단	겉 3, 안 18
24단	코막음 3, 겉 17 — 18코
25단	겉 3, 안 15
26단	오른코 줄이기, 겉 16 — 17코
27단	겉 3, 안 14
28단	오른코 줄이기, 겉 15 — 16코
29단	겉 3, 안 13
30단	오른코 줄이기, 겉 14 — 15코
31단	코막음 9, 안 5 — 6코
32단	겉뜨기
33단	걸러뜨기, 안 5
34~69단	(32~33단)×18
70단	겉 5, 늘리기 — 7코
71~77단	메리야스뜨기 7단
78단	늘리기, 겉 5, 왼코 늘리기, 겉 1 — 9코
79단	안뜨기
80단	늘리기, 겉 8 — 10코
81단	안뜨기
82단	늘리기, 겉 9 — 11코
83단	안뜨기
84단	감아코 2, 겉 10, 왼코 늘리기, 겉 1 — 14코
85~89단	메리야스뜨기 5단
90단	1코 남을 때까지 겉뜨기, 왼코 늘리기, 겉 1 — 15코
91~93단	메리야스뜨기 3단
94~97단	(90~93단)×1 — 16코
98단	3코 남을 때까지 겉뜨기, 2코 모아뜨기, 겉 1 — 15코
99단	안뜨기
100~103단	(98~99단)×2 — 13코

코막음

02
치마

• 대바늘 2.5㎜를 사용한다.

치마 작업 순서

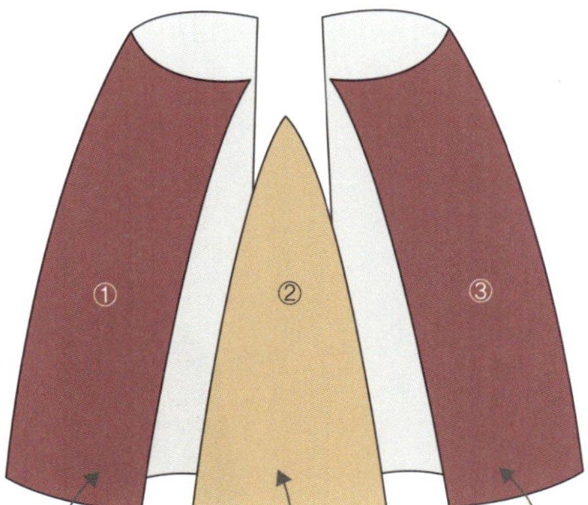

오른쪽
버건디색 실로 91코를 만들어 시작한다.
(①번 부분 시작)

1~5단	안뜨기로 시작, 메리야스뜨기 5단
6단	겉 1, 오른코 늘리기, 끝까지 겉뜨기 — 92코
7~11단	메리야스뜨기 5단
12~59단	(6~11단)×8 — 100코
60단	겉 1, 오른코 늘리기, 겉 99 — 101코
61~67단	메리야스뜨기 7단
68단	겉 1, 오른코 늘리기, 겉 100 — 102코
69~77단	메리야스뜨기 9단
78단	겉 1, 오른코 늘리기, 겉 101 — 103코
79단	안뜨기
80단	겉 1, 오른코 줄이기, 겉 100 — 102코
81~88단	메리야스뜨기 8단
89단	안 2, (안 3코 모아뜨기)×33, 안 1 — 36코

코막음

중앙
베이지색 실로 27코를 만들어 시작한다.
(②번 부분 시작)

1~5단	안뜨기로 시작, 메리야스뜨기 5단
6단	겉 1, 오른코 줄이기, 3코 남을 때까지 겉뜨기, 2코 모아뜨기, 겉 1 — 25코
7~11단	메리야스뜨기 5단
12~59단	(6~11단)×8 — 9코
60단	겉 1, 오른코 줄이기, 겉 3, 2코 모아뜨기, 겉 1 — 7코
61~67단	메리야스뜨기 7단
68단	겉 1, 오른코 줄이기, 겉 1, 2코 모아뜨기, 겉 1 — 5코
69~73단	메리야스뜨기 5단
74단	겉 1, 오른 3코 모아뜨기, 겉 1 — 3코
75~77단	메리야스뜨기 3단

코막음

왼쪽
버건디색 실로 91코를 만들어 시작한다.
(③번 부분 시작)

1~5단	안뜨기로 시작, 메리야스뜨기 5단
6단	1코 남을 때까지 겉뜨기, 왼코 늘리기, 겉 1 — 92코
7~11단	메리야스뜨기 5단
12~59단	(6~11단)×8 — 100코
60단	겉 99, 왼코 늘리기, 겉 1 — 101코
61~67단	메리야스뜨기 7단
68단	겉 100, 왼코 늘리기, 겉 1 — 102코
69~77단	메리야스뜨기 9단
78단	겉 101, 왼코 늘리기, 겉 1 — 103코
79단	안뜨기
80단	겉 100, 2코 모아뜨기, 겉 1 — 102코
81~88단	메리야스뜨기 8단
89단	안 2, (안 3코 모아뜨기)×33, 안 1 — 36코

코막음

치마 바느질 후 베이지색 실로 치마 아랫단에서 203코를 주워 레이스 부분을 뜬다.
★ p.86 '치마 밑단 코줍기' 참고

레이스

1단	안뜨기
2단	겉 1, (실 앞으로, 2코 모아뜨기)×101 — 203코

코막음

03 소매

• 대바늘 3.0mm, 2.0mm 를 사용한다.
• 소매 2장을 만든다.

대바늘 3.0mm를 사용해, 베이지색 실로 72코를 만들어 시작한다.

1~8단	안뜨기로 시작, 메리야스뜨기 8단

대바늘 2.0mm로 변경한다.

9단	안 1, (안 2코 모아뜨기)×35, 안 1 ― 37코

버건디색 실로 변경한다.

10~29단	겉뜨기로 시작, 메리야스뜨기 20단
30단	코막음 4, 겉 32 ― 33코
31단	코막음 4, 안 28 ― 29코
32단	오른코 줄이기, 2코 남을 때까지 겉뜨기, 2코 모아뜨기 ― 27코
33단	안뜨기
34~43단	(32~33단)×5 ― 17코
44단	오른코 줄이기, 겉 13, 2코 모아뜨기 ― 15코
45단	안 1, (안 2코 모아뜨기)×7 ― 8코

코막음

04 리본

• 대바늘 3.0mm를 사용한다.

리본
버건디색 실로 17코를 만들어 시작한다.

메리야스뜨기 20cm

코막음

리본 끈
버건디색 실로 3코를 만들어 시작한다.

가터뜨기 5cm

코막음

05
꽃 장식

•모사용 코바늘 2호(2.0mm)를 사용한다.
•장미꽃 3개를 만든다.

빨간색 실로 사슬 12코를 만든다.
3번째 사슬에서 시작한다.

1단 (한길긴뜨기 2코 늘리기)×10—30코

실을 자르고 정리한다.

★p.58 '빨간 장미꽃 도안' 참고

•대바늘 2.0mm를 사용한다.
•잎사귀 6개를 만든다.

초록색 실로 2코를 만들어 시작한다.

1단 늘리기, 안 1—3코

2단 (늘리기)×2, 겉 1—5코

3단 안뜨기

4단 오른코 줄이기, 겉 1, 2코 모아뜨기—3코

5단 안뜨기

6단 오른 3코 모아뜨기—1코

돗바늘로 마무리한다.

조립도

★→ : 뜨는 방향

블라우스

가슴 중앙과 소매 프릴
윗부분에 장미꽃과
잎사귀를 바느질로 고정한다.

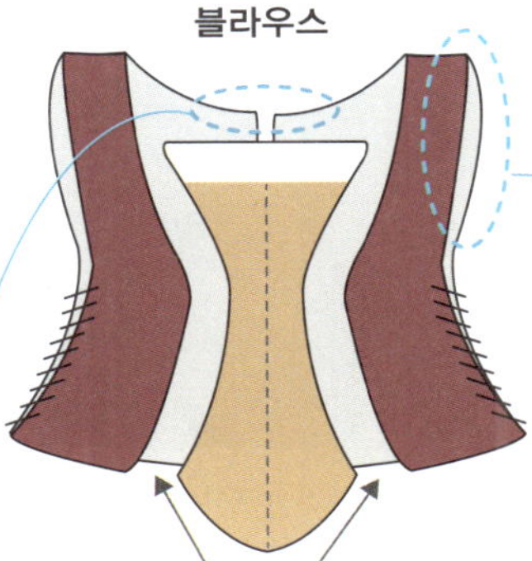

옆 선을 바느질한다.

소매 진동을 연결한다.

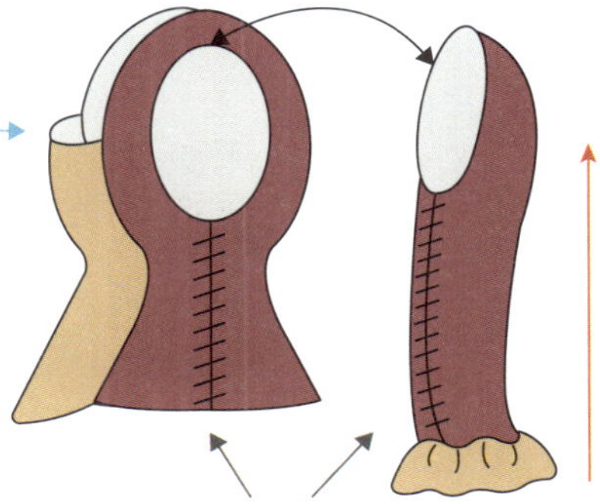

몸통 옆 선

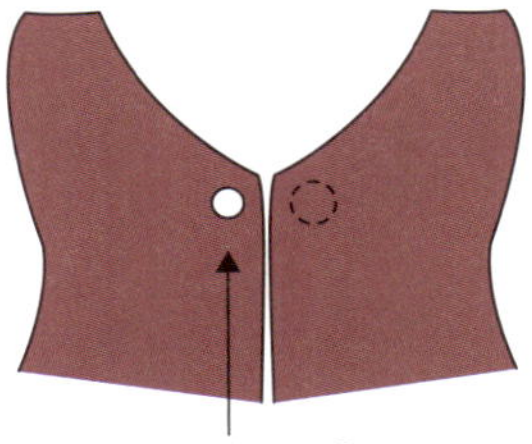

드레스 뒷부분은
똑딱단추를 달아준다.

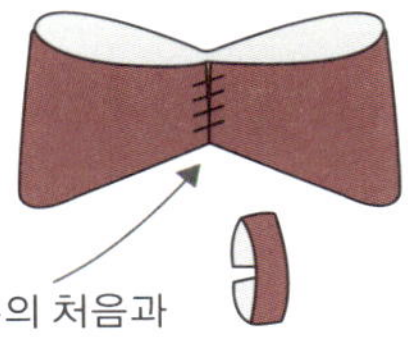

리본의 처음과
끝을 감침질한다.

리본의 감침질한 부분을
중앙에 두고 끈으로 감싸
리본 모양을 만든 후
똑딱단추 윗부분에 달아준다.

치마

레이스를 다 뜬 후
치마 밑단을 감침질한다.
★ p.86 '치마 밑단 감침질하기'
참고

바느질한다.

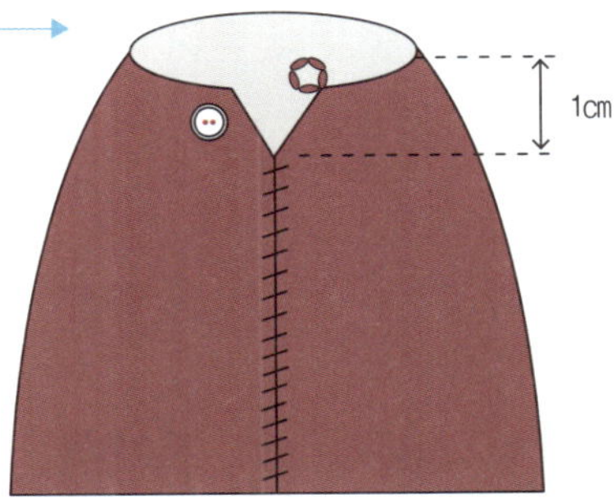

허리에서 1cm만 남기고, 치마의 뒷부분을
바느질한다. 코막음 후 남은 실로 사슬 5코를
만든 후 처음과 끝을 연결하여 단춧고리를
만들어준다. 반대편에 단추를 달아준다.

01

치마 밑단 코줍기

1 치마를 바느질한 후, 코 만든 곳을 위로 놓고 코 만든 라인 뒤쪽 코에 바늘을 넣는다.

2 베이지색 실을 시계 반대 방향으로 바늘에 감는다.

3 겉뜨기하듯 코를 빼낸다. 오른쪽부터 왼쪽 끝까지 전부 코를 주워 레이스 부분을 뜬다.

02

치마 밑단 감침질하기

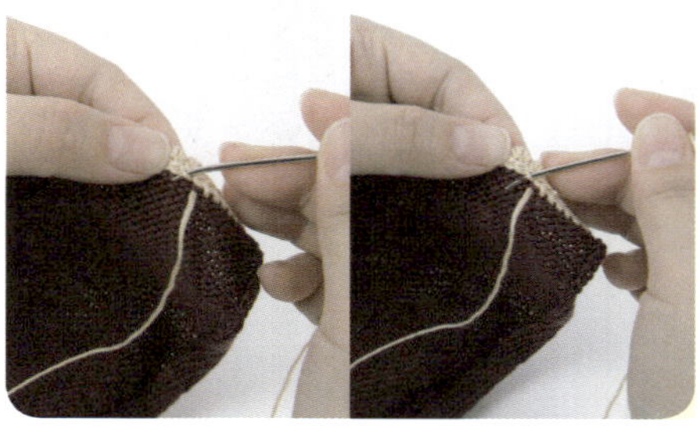

1 레이스 부분을 안쪽으로 접어 코막음 부분의 사슬 한쪽과 안쪽의 안뜨기 라인에 돗바늘을 수직으로 통과시킨다.

2 실을 잡아당긴 뒤, 오른쪽에서 왼쪽 끝까지 1번을 반복하며 바느질한다.

Beauty and the Beast

Beauty and the Beast